JN082900

特別支援教育のための
教育法・制度要説

水本　和也

三恵社

はしがき

　教員にとって法律や教育制度は、身近なものではないようにも思えます。それでも本書を、是非、現場の教員に読んでいただきたいと考えています。というのも、現在の文科省の文教政策は、明らかに法化社会に適合的です。個別の指導計画や教育支援計画は、欧米の契約の概念に影響を受けていますし、スクールロイヤーなど、学校には法律が押し寄せています。

　その是非はともかくとして、私たち教員は公教育を担っています。ですから、私たちの行う教育には公共性が保障されていなければならず、その基本的な事項については法令の定めが必要となります。その定めに基づいた教育が教員に求められるのです。その定めも知らずに日々の教育活動を行うことは、公教育を担う者として非難を免れないでしょう。しかし、教育委員会が出している「ハンドブック」の類には、制度は書かれていても根拠となる法令、条文が明示されていないことが多く、その条文の法解釈などは非常に貧弱です。ですから、本書では根拠となる法令と条文、解釈、判例まで紹介し、教員が制度について悩んだ際に、適切にナビゲートできるよう工夫しています。

　それによって、法学部出身者でない教員であっても、どのような定めがあり、矛盾や問題点はないかどうか、いかなる公教育制度が組み立てられているか等について知った上で考え抜くことの一助となれば、と考えています。最終的には、

子どもの教育を受ける権利（憲法第２６条１項）を保障し、民主主義社会の実現に寄与したいと考えています。

　現場の教員が、法制度の知識やそれに基づいた思考を豊かにすることによって、自らがいかなる法制度のもとで位置づけられているかを見定め、裁量範囲を知るとともに、公正な教育を理解し得るものと考えています。さらに、法制度の良し悪しを吟味することができます。

　具体例を１つ挙げます。私のかつての勤務校では、教員ではない支援員やサポーターと呼ばれる方が通知表の文言を書き、さらに個別の指導計画を作成しています。私は、非常に違和感を覚えたのですが、特別支援コーディネーターは、「通知表は法的なものでもないし」とか、「実際に授業をしていたのは、サポーターだから」と話しました。どちらも違法で問題となる発言です。しかし、現場ではこれがまかり通っています。どこが問題なのか、その感性すらないのです。本書によって、これらの問題点を感じ取ることができるようになって欲しいですし、法的な根拠を持った説得、説明ができるようになることを願います。

　念のためですが、何でもかんでも法律を持ち出すべきではありません。それでは、子どもと心を通わすことはできません。現代は、法があっても人間はないと感じます。その法は、行政の都合の良いように変えられ、使われていく現実があります。人間と人間がぶつかるのではなく、人間と法がぶつかって人間を見てはいないでしょうか。この世界では、人間同士が信頼しなくても、法を信頼していれば仕事が進んでい

くような気がします。そこでは、人間同士の信頼や生命よりも法が大切になってきます。おそろしい社会だと思います。

　しかし、そうした中でも私たち教員は、人間としていきいきと生き、子どもと関わっていきたいと願っています。そのために、人間と人間の間に、法や機械を入れる前に、信頼や心を入れたいものです。非行に走る子どもに、刑法の規定をとくとくと説いてみても意味はありません。

　一方で、心を通わす努力だけでは、物足りないのです。だからこそ、現実の教育活動がどのような法制度によって裏付けられているかを知ることが大事なのです。私たち教員が法制度に疎いのは、教育をめぐる問題が法制度の中での解決を強いられつつあることは承知していても、法的に解決されてもそれをもって最終的な解決になることは非常に少ないことを、感覚的に知っているからだと思われます。教育問題のほとんどは、形式的な解決では収まらないところに、まさに教育実践家たる教員の呻吟があるように思われます。

　それでも、例えば虐待された子どもを受け持ったとき、教育者として感じるものの他に、法制度の限界を感じないでしょうか。そのとき、法制度の改善の方向性もまた見えきます。そのような教育者の悩みに本書は応えます。

大阪市公立中学校教諭　水本和也

目次

はしがき

参考文献一覧

あとがき

第1章　教育法・制度を学ぶにあたって

▌第1節　法にはどのようなものがあるか

　法は、社会規範の一つです。しかし、道徳とも異なります。法は、人間の外部に現れた行為を対象とする規範ですが、道徳は人間の心の持ち方（内心）を対象にしています。また、法は社会が構成員に対して課す規範ですが、道徳は個人が自らに対して課す規範です。さらに、法には物理的な強制が伴いますが、道徳には、それがありません。代わって、心理的強制を伴うことはよくあります。

　法のうち、裁判官が裁判するに際してより所とする規準の存在形式を法源といいます。これには、立法機関によって制定された法である成文法と、文書化されていない形式の不文法とに大別されます。

（1）成文法　日本国においては、成文法主義が採られています。成文法に属するものとして、以下の6種類があります。

①憲法　憲法は法律と別の法形式です。最高法規とされています（憲法第98条）。国家という統治団体の存在を基礎づける基本法が憲法です。

②法律　国会の議決を経て制定される法の形式を指します。

③命令　国の行政機関によって制定される法形式の総称の
　　　　ことです。これには、内閣が制定する政令（憲法第
　　　　７３条６号）と、内閣総理大臣が制定する内閣府令
　　　　（内閣府設置法第７条３項）と、各省大臣が制定する
　　　　省令があります（国家行政組織法第１２条１項）。
④規則　各種の国家機関が制定する法をいい、衆議院と参議
　　　　院の両議院が定める議院規則（憲法第５８条２項）や
　　　　最高裁判所規則がこれに属します（憲法第７７条１項）。
⑤自治法規　地方公共団体が制定する法をいいます（憲法第
　　　　９４条）。これには、条例と規則が含まれます。
⑥条約　文書による国家間の合意のことをいいます（条約法
　　　　条約第２条１項（a））。なお、憲章や協定、協約、宣
　　　　言などの名称が付されている場合がありますが、い
　　　　ずれも条約です。なお、効力を有する条約は、当事
　　　　国を拘束し、当事国は条約を誠実に履行しなければ
　　　　なりません（同２６条）。また、条約は原則、当事国
　　　　の領域全体に適用されます（同２９条）。

　制定法には、以上の６種類がありますが、これらは複雑に
交錯しています。そのため、混乱を避けるために、以下３つ
の原則が存在します。

　①成文法は、上下の優劣関係が定まっており、憲法を頂点
とする段階的構造をなしています。憲法→法律→命令→処分
（判決を含む）の順になります。なお、条例や規則は法律・命

令に準じます。下位の法が上位の法に抵触する場合、裁判所は下位の法の効力を否定することになります。

　②形式的効力が同等の成文法では、後で制定された法が先に制定された法に抵触する場合、後法が優先します。

　③形式的効力が同等の制定法につき、それらが一般法と特別法の関係にあるとき、特別法が優先され、一般法はその限りにおいて適用されません。

（2）不文法　成文法の不備を補うものとして3種類の不文法があります。

①慣習法　ある社会における一定の行動様式（慣習）に対して法的効力が認められたものをいいます（法例2条）。かつて学校慣習法ということが議論されていましたが、現在はほとんど議論されておりません。

②判例法　判例とは、裁判例あるいは判決例のことをいい、法として認められたものが判例法です。厳密には、判決の結論を導くうえで意味のある法的理由づけ（判決理由）のことです。日本国の場合、裁判官は「憲法及び法律にのみ拘束される」のですから（憲法第76条3項）、制度の上では、先例に拘束されることはありません。実際には、裁判にあたってとりわけ最高裁判所の判例が強い影響を与えており、事実上裁判の規準になっています。

③条理　条理とは、物事の筋道あるいは道理のことをいいます。刑事裁判と異なり（憲法第31条）、民事裁判では適用すべき法がないという理由で裁判を拒めません。そのような場合、条理にしたがって裁判すべきと考えられています。かつて、職員会議の法的性質をめぐって、教育条理が兼子仁教授によって主張され、現在も教授の内的事項・決定機関、外的事項・審議機関説が有力説となっています。

■ 第2節　法の分類

　法を学ぶ上で重要な分類として、以下6点を挙げます。

①実定法と自然法　これは、法の概念にかかわる分類です。実定法は、成文法や慣習法、判例法のように人為的に創り出され、現実にその社会において行われている法をいいます。対して、自然法とは、神の意思や自然、人間の理性などにもとづき、人為を超えて普遍的に妥当する法をいいます。

②公法と私法　様々な学説がありますが、権力関係説に沿って説明いたします。権力・服従の関係を規律するのが公法で、平等な者同士を規律するのが私法とされます。

③実体法と手続法　実体法は、権利・義務の種類や発生、変更、消滅、効果を定めた法です（例；民法）。手続法は、権利・

義務の具体的な実現のための手続きを定めた法をいいます（例；民事訴訟法）。

④一般法と特別法　一般法は、ある事柄について広く一般的に適用される法をいいます。特別法は、特定の人・物・場所・事柄などについて限定的に適用される法をいいます。例えば、取引一般を規律する民法を一般法とすると、商取引を規律する商法は民法の特別法となります。商法2条2項は、「商事に関しこの法律に定めがない事項については商慣習に従い、商慣習がないときは、民法の定めるところによる。」と規定していることから、一般法と特別法の関係がわかります。

⑤強行法と任意法　強行法（強行規定）は、当事者の意思のいかんにかかわらず適用される法をいいます。任意法（任意規定）は、当事者の意思によってその適用が排除される法をいいます。公法は、強行法が多く、私法は任意法が多いとされています。

⑥国内法と国際法　国内法は、一国家内で成立し、原則としてその国家内でのみ効力を有し、その国家のみで執行される法をいいます。国際法は、国際社会で成立し、国家間の関係を規律する法をいいます。

第3節　法律の構造

　教育公務員特例法の第2章は、「任免、人事評価、給与、分限及び懲戒」となっています。そして、さらに第1節「大学の学長、教員及び部局長」、第2節「大学以外の公立学校の校長及び教員」、第3節「専門的教育職員」と細分化されています。

　このように、ある程度まとまった条数の法律を、大くくりに区分する場合の基本の単位が「章」です。そして、法律を2段階以上に細分化する場合、「章」を細分化した「節」、「節」を細分化した「款」というように、「章」を最大の単位として構成されます。さらに、条数が多くなれば、「款」を細分化する「目」が置かれます。逆に、民法のように、「章」より大きな単位である「編」が置かれることもあります。

　第1章には、目的規定や定義規定など法律全体に関する事項を規定した総則的な規定を置きます。例えば、教育基本法の第1章は、「教育の目的及び理念」です。あるいは、子どもとは具体的に何歳までのことなのかは、法律によって異なります。民法第4条、少年法第2条、児童福祉法第4条1項などで違いがあります。次に、その法律の実体的な規定を置きます。続いて、雑則的な事項、最後の章に罰則を規定することが通例です。

　さて、次に「本則」と「附則」に分けることができます。一般的には、本則は当該法律の本体をなし、附則が本則に付随する部分であるとされます。しかし、「理想はさておき、しばらく

は別のルールでいく」ということが大いにあり、本則が附則によって変更されることもあります。

　最後に、条の中の構造について述べます。法令の記述スタイルは、箇条書きになります。この箇条書きのことを「条」といいます。本則は、第1条、第2条、というように条を区分します。1つの条を内容に応じて区分する必要がある場合、条の中で改行（段落分け）します。この段落を「項」といいます。

　「条」または「項」の中でいくつかの事項を列記する必要があるとき、「一、二、三・・・」と漢数字で番号をつけて列記します。これを「号」といいます。

例として、学校教育法第81条があります。2項で特別支援学級が設置できると規定し、さらに一から六号で置くことのできる障害種について規定しています。号をさらに細分化すると、「イ、ロ、ハ」、「（1）、（2）、（3）」、「（ⅰ）、（ⅱ）、（ⅲ）」と順次用いていきます。

▌第4節　知っておくべき法令用語

　法律家にとどまらず、役人や法務部のスタッフなど法律に関わる者は、一言一句ことばにこだわります。法学部の学生であれば、自然にトレーニングを積むことになりますが、そうでない方は、用語にこだわることは少ないと思います。そこで、本節では、法令を読み、使うために知っておくべきことばを整理

します。

① 「場合」と「とき」と「時」　「場合」も「とき」も、仮定的
条件を示すことばです。仮定的条件が２つ重なる場合には、大
きい方の条件には、「場合」を、小さい方の条件には、「とき」
を使うことになっています。例えば、「控訴を棄却した確定判決
とその判決によって確定した第一審の判決とに対して再審の請
求があった場合において、第一審裁判所が再審の判決をしたと
きは、」というような使われ方をします。「時」は、時点又は時
間が問題になる場合だけに使われます。

② 「又は」と「若しくは」　どちらも、日常生活では複数の語
句を選択的に結びつける接続詞です。しかし、法令上は使い分
けられます。①ＡかＢかＣという単純な接続の場合、「又は」が
使われます。②Ａ又はＢというグループがあって、これとＣと
いうものを対比しなければならないようなとき、小さい接続の
方に「若しくは」を使います。

③ 「及び」と「並びに」　どちらもＡもＢもというようなこと
を示す接続詞で、普通の場合に用いるのは、「及び」の方です。
３つ以上並列して並べるときは、それぞれの語句を「、」(読点)
でつなぎ、最後に「及び」を一回用います。これが基本型です。
この接続が二段階になる場合、つまり、まずＡ・Ｂをつなぎ、
それからこのＡ・ＢのグループとをＣをつなぐ場合、「及び」の
ほかに「並びに」を使うこととなります。小さい方の接続に「及

8

び」を使い、大きい方の接続に「並びに」を使います。学校教育法施行令第19条は、「小学校、中学校、義務教育学校、中等教育学校及び特別支援学校の校長は、常に、その学校に在学する学齢児童又は学齢生徒の出席状況を明らかにしておかなければならない。」と規定しています。ここでは、前の下線部がA・Bにあたり、後ろの下線部（波線）がCにあたるのです。

④ 「者」、「物」と「もの」　自然人や法律上の人格（法人格）を有するものをあらわす場合には、法令上、「者」を使います。権利能力のない社団や財団、あるいは法人格を有するもの双方を含む場合、「もの」とかな書きします。また、外界の一部をなす物件をあらわす場合、「物」を使います。自然人とは、「人間」のことです。法人格とは、法律により権利能力を与えられた自然人以外の団体や財産のことです。権利能力とは、権利の主体となることができる資格のことであり、民法第3条は、「私権の享有は、出生に始まる。」と規定しており、人間は出生とともに権利能力を有することとなります。詳しくは、民法総則の基本書を参照してください。

⑤ 「準用」　準用というのは、本来はaという事項（又は人、事件など）について規定しているAという法令の規定を、多少ともaに類似するが本質上これとは異なるbという事項に、多少読み変えを加えつつあてはめることをいいます。例えば、学校教育法第49条は、小学校に適用される規定を中学校に準用しています。そして、同条後段では、読み替え規定もあります。

法令の中に非常に多く出てくる用語ですので、面倒がらずにしっかり条文を引く必要があります。

⑥「みなす」と「推定する」　推定するというのは、ある事柄またはものと同一であるかどうか不明の別の事柄またはものを、ある法令の規定の関係では一応同一視して、法的効果を別の事柄またはものについても発生させようということです。この場合、当事者が２つの事柄またはものが違うというということについて反証を挙げれば、同一視するという法律効果は生じないこととなります。例えば、民法第７７２条１項は、「妻が婚姻中に懐胎した子は、夫の子と推定する。」と規定しており、この推定を覆したければ、海外出張中であるとか推定を覆す抗弁を提出すればよいのです。

　一方で、みなすは、Ａということとは元来性質の違うＢということを、ある法律関係では、同一にみるということで、反証は許されません。民法第７５３条は、「未成年者が婚姻をしたときは、これによって成年に達したものとみなす。」と規定します。未成年者が、婚姻したという２つの要件があれば、成年に達したものとみなされ、反証を許されないのです。それによって、例えば、アパートの賃貸借契約の締結という法律行為に法定代理人の同意が不要となるなどの法律効果が生じるのです（民法第４条、５条、６０１条、７３１条）。反証を許さないということの意味は、この例では、家主や不動産仲介業者は、未成年者と扱えず、成年として扱わなければならないということです。

⑦「以上」、「以下」、「こえる」、「未満」　一定の数量を基準として、その基準を含んでそれより多いという場合は「以上」を、その基準数量を含まずにそれより多いという場合は「こえる」又は「超過」を用います。逆に、一定の数量を基準として、その基準数量を含んでそれより少ないという場合には、「以下」を、その基準数量を含まずにそれより少ない場合、「未満」又は「満たない」を用います。例えば、少年法第2条は、少年は、「二十歳に満たない者」、成人は、「満二十歳以上」と分けています。少年は19歳までの子ども、成人は、20歳以上の子どもですから、19歳は含まないのです。

第5節　法の解釈

　これまで、法令や法令用語について述べてきました。法は、法的問題の解決のために存在していると仮定しますと、法律の規定は、一定の法律問題を前提として、その解決方法を示したものと考えられます。そして、法律の規定は実に不完全です。例えば、私の勤務校では、教員ではないサポーターが、連絡帳で保護者とやり取りしています。教員のチェックを受けていません。私は違和感を覚えるのですが、それだけでは、この行為をやめさせることはできません。かといって、連絡帳はサポーターが書いてはならないとの規定は、見当たらないのです。つまり、生じる問題のすべてに条文がある訳ではないのです。非常に不完全な法律を補うのは法律学の役割です。

憲法学や教育法学、民法学などの法律学は、法の解釈を中心的な内容とすることから法解釈学と呼ばれます。なぜ、解釈が重要な意味をもつかといえば、法律の規定を現実の事件に適用して、問題を解決するためには、あらかじめ法の規定のもつ意味を朗らかにしなければならないのです。

　例えば、憲法第２６条１項は、「すべて国民は、法律の定めるところにより、その能力に応じて、ひとしく教育を受ける権利を有する。」と規定します。ここでいう「能力に応じて」とは一体どのような意味なのか、条文を読むだけでは分かりません。障害児は、能力が低いから特別支援学校で就学し、特別なカリキュラムを履修すべき、という政策は、「能力に応じて」いるから正当化されるでしょうか。つまり、この条文を適用する前に、「能力に応じて」の意味をはっきりさせなければならないのです。簡潔に述べますと、能力の程度に応じてと考えるＡ説とすべての子どもが能力の発達のしかたに応じて能力を伸ばすことができる教育を保障したもの、と考えるＢ説に分かれます。Ａ説に立てば、この政策は正当化されそうです。一方、Ｂ説に立てば、この政策は憲法上の疑義が生じることとなります。

　法解釈にはいくつか種類があります。①条文の文言どおりに解釈する文理解釈。②文言を通常の用法より広げて解釈する拡張解釈。③逆に、狭めて解釈する縮小解釈。④規定されている文言の意味に含まれていない事項につき、法規の適用を否

定する反対解釈。⑤規定されている文言の意味に含まれていない事項について、規定されている事項との類似性を理由として法規の適用を肯定する類推解釈。これらが法解釈の基本的な技法です。

　刑法学者の井田 良 教授は、「条文をめぐって複数の解釈があり、学説が対立しているとき、<u>これこそが客観的に通用する解釈と決められるような判断基準は存在しません。</u>あえて言えば、結論を支える論拠ないし理由付けの説得力の程度です。法律学において重要なのは、結論ではなく理由づけです。」と言います。自分とは異なる意見を持つ人を説得しなければならない訳で、刑事裁判にいたっては、解釈いかんによって死刑になるかどうかも問われるのですから、日常会話や「鶴の一声」では法の解釈は成り立ち得ないのです。

　「結論を導く論拠ないし理由づけの有する高度の説得力のみが、最初は反対していた人の心を動かすのです。法学徒に求められる能力は、決まった正解のないところで多くの人が納得できる結論を見出す能力と相手を納得させる論理を駆使できる能力と考えられます。その能力を養うために、学説や判例を学ぶ必要があります。なぜなら、それによって問題となる条文の解釈とその理由づけを学ぶことができるからです。」とも述べています。

　しかし、現実の政治や教育行政をみていると、首長の「鶴の

一声」で教育政策が強引に進められたり、中教審による議論を無視し教育再生実行会議なる組織がリードし、教育法規が次々と立法されたりしている現実があり、法解釈による説得的な議論が果たして期待できるか大いに疑問です。そうした現実に対し、沼田稲次郎という労働法学者はかつて、「学者としては、労働者のモラルの高揚による支配的規範意識を通して、裁判官の法意識を動かすという長期的な過程において自らのセオリーの真理性を検証してゆくという洞察のもとに理論を展開すべきであろう。」と述べました。さらに、「法の規範的意味をめぐる論争はもとより専門家としての課題である。だが、法の真理（法の階級性、歴史性）を究明し、その真理が歴史的主体の実践において認識せらるることによって実現するという必然性を、歴史的主体そのものを自覚させることが法思想家としての課題でなければなるまい。」とも述べています。私は、実際に教育を担う人々によって支持される学説こそが力を発揮すると考えます。

第6節　判例との向き合い方

　判例とは、判決の結論を導く上で意味のある法的理由づけ（判決理由）のことです。このことは、第1節（2）不文法のところでも述べた通りです。判決文は、①主文、②事実、③理由の3本柱になっています。①は判決の結論を述べた部分で、民事であれば原告の請求が認められるのか認められないのか、刑事であれば被告人が有罪なのか無罪なのかが言い渡されます。②

と③は当事者双方の主張をもとに、裁判所が当該事案の事実を認定しそれに対して法解釈（法的な理由づけ）を行う部分です。学校事故であれば、教職員等の過失の内容や程度、学校施設管理の瑕疵と設置者の責任、慰謝料の算定等について判断がなされます。

　法律書を手に取ると、ほとんどの場合、「判例索引」が載っています。また、私が使っている『解説教育六法』という法令集は、判例付きになっているため、条文を引くと隣に関連する判例が載っています。例えば、学校教育法第３７条を引くと、「教師の教育の自由」をめぐって争われた旭川学テ事件の上告審判決の判例が載っています（最大判昭５１・５・２１刑集３０・５・６１５判時８１８・３３）。この判例は最高裁判所刑事判例集に登載されているものです。他には、民事判例集や行政判例集があるのですが、これらを引用するときは、巻数と号数、頁数で特定するのです。ですから、旭川学テ事件を正確に引用する場合、「最大判昭和５１年５月２１日判決刑集３０巻５号６１５頁」となります。また、判時とは、「判例時報」という法律雑誌のことであり、正確には、「判例時報８１８号３３頁」となります。「最大判」の「大」は、大法廷判決の意味です。大が付いていない判例の場合、「最判」と表記され、小法廷の裁判であることを意味しています。

　本章第５節では、法解釈について述べましたが、条文の法解釈にかじりついている間も現実は条文を超えて進んで止みません。とくに、ビジネスに対応する商法などはその傾向が顕著で

しょう。この両者のずれを克服する役割をになった判決だから
こそ、判例というのは法制度を語る上で欠かせないのです。判
例とよばれるものは、裁判所法第１０条によって下級審を拘束
しますから、これによって統一性が保たれます。

　既存の法とその解釈からではなく、争点となっている事実か
ら出発することが大事で、判決文を読むときには、どのような
事実を認定し、どのような法を適用したのか、どのような結論
が導かれたかを読み取って理解する必要があります。また、こ
れまでの判例と同じながれのものかどうか、これまでの判例と
どのような関係にあるかを調べ、検討し判決の射程を理解すべ
きです。それによって、このような事案であれば、このような
判決が出るだろうと予測することができ、私たちがどのような
行動をとるべきかの指針になるのです。

第2章　憲法と行政法の基礎知識

■ 第1節　憲法を概観する

　前章第1節において、憲法が国の最高法規であることを述べました（憲法第98条）。そこにいう国（国家）とは、「一定の限定された地域（領土）を基礎として、その地域に定住する人間が、強制力をもつ統治権のもとに法的に組織されるようになった社会」のことをいいます。この「国家を基礎づける基本法が憲法」とよばれるもので、その最も重要なねらいは、「権力を制限して人権を保障」することにあります（芦部・3、5頁）。

　日本国憲法においては、国民主権、基本的人権の尊重、平和主義の3つを基本原理としており、そのことが憲法前文において宣言されています。独裁政治のもとでは基本的人権の保障が不完全な状態になることから、民主主義政治のもとで初めて人権保障は成立します。ですから、国民主権は、基本的人権の保障の確立を目的とし、それを達成する手段として位置づけられます。さらに、人間の自由と生存は平和なくして確保されないことに思いをきたすと、平和主義の原理も人権及び国民主権の原理と相互不可分の関係にあると言えます（芦部・36～37頁）。

　基本的人権については、憲法第11条が、「国民は、すべて基

本的人権の享有を妨げられない。この憲法が国民に保障する基本的人権は、侵すことのできない永久の権利として、現在及び将来の国民に与へられる。」と規定し、人権の固有性と不可侵性、普遍性を述べたものと解されています（芦部・80〜82頁）。

　人権は、3つに分類されます。第1は自由権です。これは、「国家が個人の領域に対して権力的に介入することを排除して、個人の自由な意思決定と活動とを保障する人権」です。第2は参政権で、「国民の国政に参加する権利」のことです。第3は社会権です。社会的・経済的弱者が「人間に値する生活」を営むことができるように、国家の積極的な配慮を求める権利です。しかし、この社会権は、具体的な立法なくしては、裁判所で権利救済を求められません（芦部・83〜84頁）。教育を受ける権利は（憲法第26条）、社会権に属します。教育を受ける権利は、子どもに対して保障されるものであり、その権利内容は、子どもの学習権を保障したものと解されます。また、国は教育制度を維持し、教育条件を整備すべき義務がこの社会権の側面から要請されます。そして、教育基本法や学校教育法等が定められ、小中学校の義務教育を中心とする教育制度が設けられているのです（芦部・282〜284頁）。この教育を受ける権利については、次章で詳述いたします。

第2節　憲法から行政法を見る

　国が教育制度を維持し、教育条件を整備すべき義務が憲法第
２６条から導かれるのですが、本節では、国の機関、地方公共団
体についてあるいは行政作用等について述べます。

　憲法第６５条は、「行政権は、内閣に属する」と規定していま
す。ここに言う行政権とは、「すべての国家作用のうちから、立
法作用と司法作用を除いた残りの作用」と解されます（通説）。
行政権は、内閣に属するのですが、内閣自らがすべての行政活
動を行う訳ではありません。行政権は、行政各部の機関が行使
し、内閣は、行政各部を指揮監督し、その全体を総合調整し統
括する地位に立つのです。内閣は、首長たる内閣総理大臣及び
その他の国務大臣でこれを組織する合議体です（憲法第６６条
１項）。内閣の職権は、憲法第７３条のほか同３条・７条、６条
２項、７９条１項・８０条１項、５３条、８７条、９０条１項・
９１条などがあり、閣議によって職権を行うことになっていま
す（内閣法４条１項）。

　加えて、憲法は、地方自治について規定します。その一般原
則として、「地方公共団体の組織及び運営に関する事項は、地方
自治の本旨に基づいて、法律でこれを定める。」と定めています
（憲法第９２条）。憲法学では、地方自治の本旨とはなにかをめ
ぐって議論が展開されていいますが、本節では、その点には立
ち入らず、地方公共団体の機関と条例について述べます。

地方公共団体には議会が設置され、また、地方公共団体の長、議会の議員等は、住民（地方自治法第１０条参照）の選挙によらなければなりません（憲法第９４条）。ここで言う地方公共団体とは、都道府県と市町村を指すと解されます（地方自治法第１条の３）。

　地方公共団体の事務は、自治事務と法定受託事務に分けられます（地方自治法第２条８項、９項）。事務配分のあり方としては、自治事務が原則であり、この自治事務を実施するに際して条例を制定することができます（憲法第９４条）。条例とは、「地方公共団体がその自治権に基づいて制定する自主法」のことです。形式的には、議会が地方自治法第２条２項の事務および法律の特別の委任のある事項について定める法規であり（同１４条、９４条）、実質的には、長の制定する規則（地方自治法第１５条）や教育委員会などの各種委員会の制定する規則（同１３８条の４）を含みます。自主法とは、法律や命令等に対する観念で、条例は自治事務に関する事項しか規律できないものの、その範囲内では、原則として独自に規定を設けることができることを意味します（芦部・３７８～３８５頁）。

　憲法から行政についてながめると以上の説明になります。憲法は、国民主権を基礎とする統治機構（権力分立、地方自治の保障等）の部分と基本的人権の部分からなっています。これを行政法（行政法とは「行政に関する法」をいう。）の視点から見ると、「公権力」の組織のあり様および私人（国民）と公権力主

体（国や地方公共団体等）との関係（人権の保護・実現）を規律することを主眼としているものということができます。このことから行政法について、「行政法は、憲法具体化法である」との表現がなされるのです（稲葉ほか・8〜9頁）。

第3節　行政法の原理

　先に断っておきますが、行政法は非常に難解です。法学を専攻していたとしても難関科目として敬遠されがちです。かくいう私も学部時代は、地方自治法は履修しましたが、行政法は履修していません。卒業後に一人で基本書と格闘しました。教育行政学や教育制度論のテキスト、あるいは法学部出身者ではない教育学者が書いた論文の類で行政法の基礎基本をおさえているものは極少数です。しかし、この行政法を理解せずに、いくら憲法論を語ったり、制度論を語ったりしても意味はありません。具体的には、教育を受ける権利を語るだけでは、特別支援学校ではなく通常学校に就学したいお子さんを救済できないのです。最終的には行政訴訟を起こす必要があります。そこで、行政法の基本事項について本節で述べていきます。

　前節で述べた通り、行政法とは、「すべての国家作用のうちから、立法作用と司法作用を除いた残りの作用」をいいます。内閣、各省庁、都道府県、市町村の仕事をイメージして間違いないのですが、こうして考えてみると、行政には、多くのという

かほとんどの権能が与えられています。そこで思い出して欲しいのが、憲法の最も重要なねらいは、「権力を制限して人権を保障」することにあるということです。広範な権能を持つ行政が好き勝手な行動をされると、人権は容易に侵害されます。そこで、法律による行政の原理というものが作り出されました。これは、行政は国民の代表である議員が民主的な手続きで作った法律に基づいて行わなければならない、とする原理です。この「法律」には「条例」も含みます。

　この法律による行政の原理は、さらに3つの原則に分かれます。①行政活動は現に存在している法律に違反してはならないとする法律優位の原則。②行政活動は法律に積極的な法律の根拠を要するという法律留保の原則。③法規を創り出せるのは法律（立法）だけという法規創造力の原則の3つです。しかし、この原則を貫徹すると迅速な行政活動ができなくなるおそれもありそうです。そこで、これらの原則を絶対に貫くべきとする全部留保説のほかに、国民の自由・権利・財産を侵害するような行政活動に法律の根拠が必要とする侵害留保説があります（判例通説）。

■ 第4節　行政組織法を概観する

　行政法には、刑法や民法といった通則的な法典は存在しません。憲法や法律、条例、判例法、慣習法、条約といったいろい

ろなところに存在する法源を集めたもので、これらは、①行政は誰がするのか、②行政は何をするのか、③行政から国民を守るという3つの部分に分かれている、と整理できます。①に対応するのが行政組織法、②に対応するのが行政作用法、③に対応するのが行政救済法です。大雑把な分け方ですが、行政法を俯瞰するとこのようになります（田中、藤島・17〜22頁）。

　本書は、特別支援教育を支える法・制度について取り上げていますので、それとの関係でみますと、①行政は誰がするのか、この点を最低限はっきりさせれば足りると考えます。②と③については、必要に応じて適宜とりあげます。さて、行政は誰がするのか、ということに関する法が行政組織法であると述べましたが、もっと直截に言いますと、行政主体が行政をするのです。行政主体とは、国や地方公共団体（都道府県、市町村）などを指します。難しい言い方をすると、「行政活動に特有な行政担当法人」となります。

　国や地方公共団体は、実は影も形もありません。私が町役場に転出届けを出しに行くとします。町役場は、建物としては鉄とコンクリート、ガラスなどでできた物質にすぎませんし、働く人は、町役場の職員です。職員は、人間であり決して町ではありません。しかし、大阪府には島本町という町が存在し行政をしているのです。ここで思い出していただきたいのが、第1章4節④「者」、「物」と「もの」の説明です。そこで、「自然人や法律上の人格（法人格）を有するものをあらわす場合には、

法令上、「者」を使います。」と述べました。権利を持ち義務を
負うことができる権利主体は、人に限られるのですが、ここで
いう人には、自然人の他に、法人があるのです。その一例が、
国や都道府県、市町村なのです（地方自治法第２条１項）。です
から、島本町は影も形もなくても人（法人）であり、行政を行
う行政主体なのです。

　しかし、行政主体には、影も形もないわけで、どのようにし
て活動するのか。これに対する答えが、行政機関という概念で
す。行政主体に組織化された自然人（人間）が就く地位を置い
て、その自然人（人間）が行政活動をし、それを行政主体の活
動であると観念したのです。この行政機関は４つに分かれます。
①行政庁。内閣総理大臣や文部科学大臣、知事、市長、教育委
員会などがあり、「行政主体のために意思決定をし、それを外部
に対して表示する権限をもつ行政機関」と定義されます。市長
などの独任制と教育委員会のような合議制のものとがあります。
③行政庁を補助する補助機関。文部科学副大臣（国家行政組織
法第１６条）や副知事、副市長など（地方知事法第１６１条〜１
７５条）。③専門的な見地から調査や審議し意見を述べる諮問
機関。④行政庁の決定（命令）したことを現実に執行（強制）
する執行機関。警察官や徴税吏員が典型です。この執行機関で
注意していただきたいのが、地方自治法では、教育委員会も執
行機関とされています（第１３８条の２以下）。これと混合しな
いようにしてください。教育委員会は、行政庁であり執行機関
ではありません。なぜ、このような混乱があるかというと、地

24

方自治法上の議事機関（議会）との対比で執行機関という概念が用いられていることによります。

　行政の組織は、法律で定められます（憲法第６６条１項、９２条）。国の行政組織については、内閣法・内閣府設置法・国家行政組織法という法律によって定めがあり、大事なことは、内閣府以外の国の行政組織に関する法律が国家行政組織法ということです。行政組織のために置かれる国の行政機関は、「省・委員会・庁」に分かれます（３条２項）。この内の省こそが、私たち教員にとって関わりの深い文部科学省です。省はこの他に財務省など１０省あり、全部で１１省あります。省の長は、大臣です（５条１項）。文部科学大臣が、主任の大臣として行政事務を管理するのです。そして、「文部科学省の設置並びに任務及びこれを達成するため必要となる明確な範囲の所掌事務を定めるとともに、その所掌する行政事務を能率的に遂行するため必要な組織を定めることを目的」として文部科学省設置法が制定されています（第１条）。

　地方公共団体の組織や運営に関しては、「法律」で定められます（憲法第９２条）。この法律の代表格が地方自治法です。地方公共団体は、普通地方公共団体と特別地方公共団体に分類されます（同法第１条の３第１項）。都道府県と市町村が普通地方公共団体で、特別区と組合、財産区が特別地方公共団体に分類されます（同２項、３項）。地方公共団体の事務は、①本来は国や都道府県の事務に属するものを法令によって委託した法定受託

事務（同法第2条9項）、②法定受託事務以外の自治事務（同条8項）に分かれます。

　普通地方公共団体には議事機関と執行機関があります。議事機関とは議会のことです。大阪府では大阪府議会、堺市では堺市議会、島本町では島本町議会、千早赤阪村では千早赤坂村議会など。対して、執行機関とは、普通地方公共団体の事務を自分の判断・責任において誠実に管理・執行する義務を負っている機関のことであり、具体的には長（知事や市町村長）と委員会のことをさします。この委員会の一例こそ教育委員会なのです（地方自治法第180条の5第1項1号）。政治的中立性や公平性が求められる分野や慎重な手続きを必要とする分野に限り執行機関として委員会・委員が設置されます。なお、教育委員会はすべての地方公共団体に設置されます。ですから、千早赤阪村にも立派な千早赤阪村教育委員会があります。

　行政を行うのは、行政主体ですが、実際のところ動いているのは人間です。その動く人間こそ公務員です。公務員に関する法を公務員法といいます。①国家公務員法、②地方公務員法、③その他に分かれます。私たちに関係のある地方公務員とは、地方公共団体のすべての公務員をいいます（地方公務員法第2条）。特別職と一般職とに分かれ、同法3条2、3項に列挙される特別職以外の公務員はすべて一般職です。

第3章　障害児にとっての教育を受ける権利

　教育という言葉を語るとき、それがたとえ憲法学という教育実践から離れたものであったとしても、その人にとっての教育とはなにかをはっきりさせていなければなりません。教育とはなにかについて考えないで、教育を受ける権利を云々するなど無責任ですし、詭弁(きべん)に陥ります。私にとっての教育とはなにかということについては、すでに『プライマリー知的障害学級の授業実践』という本の中で述べています。是非、第1章を読んでから本章を読み進めてほしいです。

　また、憲法学の基本書などでは、教育を受ける権利を取り上げる際、「能力に応じて」や「ひとしく」などの解釈を逐条的(ちくじょうてき)に解説することが一般的です。あるいは、国民の教育権と国家の教育権の対立について旭川学テ事件を例に記述しています。そうした取り上げ方は本書ではしません。現場の教員にとって実践の指針にもならないからです。本章では、障害児にとって教育を受ける権利がもつ意味、無償であることとの関連で特別支援就学奨励費(しゅうがくしょうれいひ)をそれぞれ取り上げます。

■第1節　子どもとの出会いを大切に

　憲法第26条は、「すべて国民は、法律の定めるところにより、

その能力に応じて、ひとしく教育を受ける権利を有する。」と規定します。この教育を受ける権利こそが、数ある人権の中でも最も重要なものではないかと考えています。私は教員の第一歩を鹿児島県の奄美大島で踏みました。奄美の郷土史（きょうどし）について色々と調べていく中で、奄美大島の戦後の障害者の扱いについて、鹿児島大学医学部教授の佐藤幹正医師の論文に出会いました（「奄美地方復帰当時における精神病患者の処遇情況について」）。そこでは、「私宅監置（したくかんち）」の状況について、「家畜小屋よりもひどい暗闇と悪臭に満ちた狭い室に閉じ込められ」ていることや、足かせ、手かせなど「動物園の猛獣に対するよりも残酷な手段で拘束されている」と述べられています。狭小な監置室（最大でも4畳）からほとんど出ることはできず、室内ですら自由に動けない状態の障害者の生活があったのです。この人達にとって教育はあったのでしょうか。

　私は、どのような子でも発達すると確信しています。教育者として、ただ一片でも教育可能性を否定する言説には職を賭して抗議します。奄美大島の例は、教育を受けられないことがストレートに人間存在の否定につながっていることを示していると考えます。
　彼らにとって信教の自由があったとして、あるいは職業選択の自由、財産権が保障されていたとして何の意味があるのでしょうか。彼らは、権利などということばを知りません。それでも、もっとも権利を守り、生命を守り育てなければならない存在です。私宅監置としてあらわれた課題は、いまの担任して

いる子どもたちにも当てはまります。彼らが自分を主張できるようになること、自分の要求を出せるようになることが重要です。だからこそ、読み書きの指導が求められます。

　例えば、選挙権の行使一つとってみても、投票するには、候補者の話を聞き、それを理解しなくてはなりません。各候補者の主張を比較し、どの候補者が自分たちの生活を豊かにする主張をしているかを吟味すること、そして、他者を気にせずに自分がこの人と思った候補に投票するのです（憲法第１５条）。この権利を実現するには、教育が必要なのです。障害児の生活現実と無縁のところで憲法第１５条の文言など存在しても意味がないと考えます。人間が人間らしく生きていくために必要なものが教育です。障害児に限ったことではありませんが、教育を抜きに権利を語ってもそれは絵に描いた餅に過ぎません。

　私は、教育委員会主催の特別支援学校教諭免許の免許法認定講習で、永井利三郎教授の話を伺う機会を得ました。永井教授は、医師であり長年小児医療などに尽力されてきた方です。教授は淡々とかつて医療でも救えなかった障害児や難病患者のことを写真とともに紹介してくださいました。それが、医療の進歩によっていまでは治療でき、教育を受けられるようになっている、という話を聞いていると、この子たちに教育を保障することの意味深さを痛感したことを覚えています。

　教育を受ける権利をめぐって、学習権・発達権的解釈（兼子

仁教授）が有力説だとされます。これは、「すべての子どもが能力発達のしかたに応じてなるべく能力発達ができるような教育を保障される」というものです。障害児の場合、障害ゆえに能力不足が指摘され、低水準の教育しか保障されなくなることへの批判から個々の障害児のニーズに応じた教育を保障する論拠としてこの学説が援用されています（米沢・142頁）。

　しかし、米沢教授の解説からは重症児の教育実践を深めることはできないと考えます。「反応がない」とされる重症児のニーズは何なのでしょうか。重症児の場合、得手勝手に「ニーズ」なるものを空想する意味はあるのでしょうか。そこで空想した、「ニーズ」なるものをもとにして、障害児の教育を受ける権利の「教育」は、豊かなものになるのでしょうか。

　重度・重複障害児教育を研究している埼玉大学の細渕富夫教授が、教育を受ける権利を考える上で示唆に富むことを述べています。すこし長くなりますが引用いたします。

　「特別支援学校で障害の重い子どもとかかわるとき、先生が最も悩むことは『ことばがなく』『反応が乏しい』ため、子どもと通じ合えず『どのようにはたらきかけていいかわからない』ことだと思います。しかし、『反応が乏しい』からといって、その子が『何もわかっていない』とは言えません。事実、こうした子どもたちの母親に尋ねると、ほとんどの母親は『私をわかっている』と答えます。これを母親のそうに違いないという『思い込み』やそうあってほしいという『ねがい』や『期待』にすぎないと切り捨ててしまうことは簡単ですが、およそ子育てと

いう営みが『思い込み』、『ねがい』や『期待』なしに行われているとは到底思えません。私は、母親をはじめとする養育者の『ねがい』や『期待』がその子の思いを受けとめ、共有・共感関係をつくりだし、その子の主体性を高め、豊かなコミュニケーションにつながっていくと考えています。」と述べています（細渕・28〜29頁）。

　続けて、体験の共有について次のように解説しています。「子どもの『気持ちを受けとめる』というのは、母親や先生が一方的に子どもの内面を『解釈する』というものではありません。『それは先生の主観でしょ』と言われれば、それを否定することはできません。ただ、この『主観』は子どもの『気持ちをわかりたい』と思った先生が子どもと体験を共有することによって、先生の意識に映しとられたものです。そこには先生の『こうなってほしい』という子どもへの『ねがい』や『期待』が入り込みますが、それも体験の共有を基盤としたものです。その意味で先生の『ねがい』や『期待』は単なる『主観』として排除されるべきものではなく、『体験の共有』ということの産物として尊重されるべきものなのです。生きている以上、何らかの欲求はどの子にもあるのであって、その微弱な欲求を受けとめ、共有・共感関係を通して、より確かな『学びへの欲求』へと育てていくことが大切なのだと思っています。」（同・31頁）

　細渕教授のこの文章は、教育を受ける権利を意識して書いたものではないと思います。それでも私はこの文章によって、現場の教員が教育を受ける権利についての考えを深められるので

はないか、と思います。対象の子どもがどのような障害をもっていても関わってみる、ねがいに寄り添う努力をする。その子がたとえ短い命であったとしても。その教師の実践、生き方、生き様は子どもの教育を受ける権利によって保障されなくてはならないのです。

　そもそも無権利状態というのは、この状態に陥った者は、いかなる種類の共同体にも属さないという事実から生まれています。人権の喪失が起こるのは、通常、人権と考えられるどれかを失ったときではなく、人間が世界における足場を失ったときです。この足場によって、人間はそもそも諸権利を持ち得るのです。このことは、拙著『プライマリー知的障害学級の授業実践』第２章１節で述べたことと同じで、人間は、関係性の中で生きるのです。絡み合って生きることが発達の基盤です。どれだけ短い命であったとしても、どんな障害をもっていても、ステキな出会いがその子にはあります。それは先生にとっても同じです。

　憲法学の教科書では人権をどうやって守るのか、ということが取り上げられる際に「裁判を通じて」となるのですが、それでは守られない現実があるわけですし、現場の教員にとって「違憲審査基準（いけんしんさきじゅん）」を学習したところで、厳しい教育現実を生き抜く指針たり得ません。

　だれが守るのか、ということについて、教育学者の佐藤学（さとうまなぶ）教

授は、「子どもにたちにとって学びは希望だということです。子どもにとっては人権の中心です。おとなはこれを支えなきゃいけない。おとなや教師だけでそれができるか？できません。ぼくもできると思っていたからみんな失敗した。子ども同士が支えていくんです。このちからがすごいです。」と話しています（ラボ教育センター編・132頁）。

あるいは、障害児福祉に人生を捧げた福井達雨は、「教育の現場ではできるかできないかを判断基準にするのではなくて、特殊学級（現特別支援学級）の子供と頭の強い私たちが一緒にやるかやらないかが判断基準になるべきだと思います。私たちがいっしょにするならば、この子供にできないことはありません。頭の強い子と弱い子が手を握り、肌をぶつけあうその中から温かい、明るい、人間社会が生まれてくるのだと思います。教育の世界とは、これなんです。」と学校行事から障害児を排除しようとした人々に向けて語っています（福井・240～241頁）。

大人だけではなく、周りの子どもも含めてその子の人権を守るのです。学校はまさに障害児の人権を守る砦です。

第2節　義務教育の無償性

憲法第26条2項は、「義務教育はこれを無償とする」と規定します。障害児の教育を受ける権利を保障する観点から、特別支援就学奨励費の制度が設けられています（特別支援学校への就学奨励に関する法律）。この制度は、比較的高所得であっても

支給を受けられます。そのため、就学援助と一緒に申請することがあり、就学援助が通ったら特別支援奨励費を取り下げることが一般的と思われます。就学援助との併給（へいきゅう）ができず、就学援助の支給額の方が大きいためです。特別支援学級担任の学級事務とされる学校が多いのではないかと思います。私も、２度特奨費担当になったことがあります。この制度の特色は、以下の３点です。

　①親からの申請主義をとらず、校長を通じて支給されます（同法３条１項）。②就学援助の所得制限より緩和されています。③対象が特別支援学校と特別支援学級に在籍する障害児並びに、通級指導教室の児童生徒、通常の学級（通級指導教室を含みます。）の児童生徒のうち、学校教育法施行令第２２条の３に規定する障害の程度に該当する者に限られていることの３点です。ただ、①については、形骸化しており提出書類が煩わしいため申請しない家庭もあります。

第4章　公教育制度の概要

第1節　教育行政学の役割

　社会の急速な変化にまずもって対応するのは、現場の教員であったり地方で教育行政を担う者であったりします。現在の大阪府・市で言えば日本維新の会による公設民営学校（大阪市立水都国際中学校・高等学校）、学校統廃合条例などの実践や、大阪市立大空小学校の抽出授業を無くし、完全なインクルーシブ教育を目指した特別支援教育の実践があります。しかし、これらは誰かが理論化・体系化しないかぎりは、あくまでも個々バラバラな事例に過ぎません。教育学者あるいは教育行政学者と呼ばれる人たちは、個々の事例の共通性や関係性を嗅ぎ当てて理論的に再構成しようとしているのです。そのことによって私たちは、新しい動きを共通の名前で指し示されるものと考え、その教育上の意義や一般性を語りうることになるのです。

　教育行政に関して言いますと、教育学者は政策や制度、運動の原理や理念の構築に関与しています。単なる教室の実践だけではなく、教育行政の制度や学校経営、地域との関係など多様なトピックに関して、「教育学はどうあるべきか」を論じ、それが結果として政策や運動を介して現実に反映していく側面があります。

先の公設民営学校は、国家戦略特区法によって開校された学校です（第１２条の３）。これは、教育の「自由化」というキーワードで理論的に説明され、国家による関与と統制を最小限に抑え、代わって教育の世界にも経済的な原理としての「市場化」を持ち込もうとするものと考えられます。経済的な競争原理と規制緩和による自由化によって、学校設立を積極的に認めようとするというものです。

　しかし、国家が学校を私塾化する一方で、塾を学校化するようなことは許されるのか。また、教育の世界に市場原理を持ち込むことは、本当に教育や学校の活性化につながるか、という問題提起がなされます。さらに大阪市の現状を言いますと、「国際化」という言葉が頻繁に使われるのですが、一方では他国・多民族を受け入れることには抵抗し、むしろ同化を求めたり排除したりしています。朝鮮学校に対する扱いや民族教育に対する姿勢などを見るとその傾向は顕著にあらわれています。

　私がかつて勤務した学校では、「サラム」という副教材を用いて授業を行ったり、「親子マダン」という朝鮮学校との交流をPTA行事として行ったりしています。しかし、あくまで個々の学校のあるいは教員の実践に過ぎません。私自身も人権教育主任を経験したことで、厳しい現実に対抗する理論的裏付けが求められていることを痛感しました。

第2節　教育行政の国と地方の棲み分け

　教育行政における国の役割は、大きく３つあります。①全国的な教育制度の枠組みの設定。６・３・３制というような学校制度や教員免許制等が挙げられます。②全国的な基準の設定。学習指導要領や教育課程の基準、学級編制、教職員定数の標準等です。③教育条件整備。義務教育費や施設費、教科書無償給付の国庫負担等があります。

　対して、地方の役割はなにか。市町村は義務教育学校の就学事務や設置、管理、教職員の服務管理を行います。都道府県は広域的行政事務として高等学校や特別支援学校の設置、管理等を行い、また域内の広域調整として教職員の採用や任免、交流人事等を行います。

　国と地方公共団体との関係は、基本的には対等の関係です。地教行法第４８条１項は、「文部科学大臣は都道府県又は市町村に対し、都道府県教育委員会は市町村に対し、都道府県又は市町村の教育に関する事務の適正な処理を図るため、必要な指導、助言又は援助を行うことができる。」として、国の関与は第一次的には、指導や助言、援助といった非権力的手段によって行われることが示されています。

　尚、同条２項１号から１０号においては指導、助言又は援助の具体例が例示されています。その上で、同法においては是正の要求や（第４９条）、文部科学大臣の指示（第５０条）という

手段も後ろに控えています。

第3節　国の行政機関

　第2章でも述べたことですが、あらためて、行政法は、①行政は誰がするのか、②行政は何をするのか、③行政から国民を守るという3つの部分に分かれており、①に対応するのが行政組織法、②に対応するのが行政作用法、③に対応するのが行政救済法です。本節では、①の教育行政は誰がするのかに対応した行政組織法について外観します。

　行政機関は4つに分かれますが、その1つが行政庁です。内閣総理大臣や文部科学大臣、知事、市長、教育委員会などがあり、「行政主体のために意思決定をし、それを外部に対して表示する権限をもつ行政機関」と定義されます。国レベルの教育に関わる行政機関としては、内閣と内閣総理大臣、文部科学省と文部科学大臣、審議会等が存在しています。

　まず、内閣の権限はおよそ3つあります。①教育関連法案、予算案の提出（内閣法第5条「内閣総理大臣は、内閣を代表して内閣提出の法律案、予算その他の議案を国会に提出し、一般国務及び外交関係について国会に報告する。」、憲法第73条5号）。②教育関連法律の執行（憲法第73条1号）。③教育関連政令の制定（憲法第73条6号）。

内閣総理大臣の権限は、およそ４つです。①文部科学大臣の任免（憲法第６８条）。②文部科学省に対する指揮監督（憲法第７２条、内閣法第６条「内閣総理大臣は、閣議にかけて決定した方針に基づいて、行政各部を指揮監督する。」）。③文部科学省の処分・命令を中止させる権限（内閣法第８条「内閣総理大臣は、行政各部の処分又は命令を中止せしめ、内閣の処置を待つことができる。」）。④文部科学大臣と他の大臣との権限争議の裁定（内閣法第７条「主任の大臣の間における権限についての疑義は、内閣総理大臣が、閣議にかけて、これを裁定する。」）の４つです。

　尚、内閣の意思決定は内閣の構成員による会議で行われるのですが、この会議を閣議と言います。全員一致によって決議されることが慣習として確立しています。

　次に、文部科学省の所掌事務について文部科学省設置法第４条が「文部科学省は、前条第一項の任務を達成するため、次に掲げる事務をつかさどる。」と規定し、９７もの項目を挙げています。代表的なものとして、地方教育行政に関する指導・助言及び勧告（同条３号）、初等中等教育の基準の設定（同条９号）、教科用図書の検定（同条１０号）があります。

　さらに、文部科学省組織令が部局ごとの所掌事務を定めています。例えば、第２８条は初等教育局特別支援教育課の所掌事務について、

一　特別支援学校及び特別支援学級における教育その他の
　　教育上特別の支援を必要とする幼児、児童及び生徒に対
　　する教育（以下この条において「特別支援教育」という。）
　　の振興に関する企画及び立案並びに援助及び助言に関
　　すること（総合教育政策局並びに財務課及び健康教育・
　　食育課の所掌に属するものを除く。）。

二　前号に掲げる幼児、児童及び生徒に係る就学奨励並びに
　　特別支援教育の用に供する設備の整備のための補助に
　　関すること。

三　特別支援教育の基準（学級編制及び教職員定数に係るも
　　のを除く。）の設定に関すること（スポーツ庁及び文化庁
　　並びに総合教育政策局並びに健康教育・食育課の所掌に
　　属するものを除く。）。

四　特別支援学校の高等部における通信教育に関すること
　　（総合教育政策局及び健康教育・食育課の所掌に属する
　　ものを除く。）。

五　地方公共団体の機関その他の関係機関に対し、特別支援
　　教育に係る専門的、技術的な指導及び助言を行うこと
　　（スポーツ庁及び文化庁並びに総合教育政策局並びに健
　　康教育・食育課の所掌に属するものを除く。）。

六　教育関係職員その他の関係者に対し、特別支援教育に係
　　る専門的、技術的な指導及び助言を行うこと（スポーツ
　　庁及び文化庁並びに総合教育政策局並びに健康教育・食
　　育課の所掌に属するものを除く。）。

七　特別支援学校の理療に関する学科、理学療法に関する学

科及び歯科技工に関する学科の認定に関すること。
八　独立行政法人国立特別支援教育総合研究所の組織及び
　　運営一般に関すると。

というように第１号から第８号まで所掌事務について規定して
います。

　文部科学大臣の権限は大まかに１０種類挙げることができま
す。①文部科学省の事務の統括と職員の服務の統督（こくじ）（国家行政
組織法第１０条）。②文部科学省令を発すること（同法第１２条
１項）。③教育関連法案・政令案の総理大臣への提出（同法第１
１条）。④教育関連告示（こくじ）・訓令（くんれい）・通達（つうたつ）を発すること（同法第１４
条）。告示の中に、学習指導要領が入ります。たとえば、中学校
学習指導要領は「平成２９年３月３１日文部科学省告示第６４号」
として出されています。⑤地方の教育関連事務についての調査
又は調査指示（地教行法第５３条）。⑥都道府県・市町村教育委
員会への指導・助言・援助（地教行法第４８条）。「神戸市立東須磨（ひがしすま）
小学校教員いじめ事件」が起きた際に文部科学副大臣が神戸市
に派遣され、原因究明と事実確認、厳正な処分を求めたと報道
されています。これは、法的には文部科学副大臣が行政庁の補
助機関として神戸市教委に対し指導したことになります（国家
行政組織法第１６条３項「副大臣は、その省の長である大臣の
命を受け、政策及び企画をつかさどり、政務を処理し、並びに
あらかじめその省の長である大臣の命を受けて大臣不在の場合
その職務を代行する。」）。⑦都道府県・市町村教育委員会への是

正の要求（地教行法第４９条）。⑧都道府県・市町村教育委員会への指示（地教行法第５０条）。⑨教育委員会相互の連絡調整（地教行法第５１条）。⑩長又は教育委員会への資料等の提出要求（地教行法第５４条２項）。

　２０２０年２月２７日に安倍首相が全国一斉の学校の臨時休業を要請しました。これについて「首相による『一斉休業要請』は、法的根拠を一切持たない超法規的ともいえる『要請』であった」とする言説があります（高橋・５頁）。これも、解釈次第で如何様にもなります。学校設置者が休業するかを決めるのですが、教育委員会に対して文部科学大臣は、都道府県・市町村教育委員会への指導・助言・援助（地教行法第４８条）ができます。その文部科学省に対して、内閣総理大臣は、指揮監督できますから（憲法第７２条、内閣法第６条）、休業要請の当否はともかくとして、必ずしも根拠が全く無いとは言えません。

　国の行政機関の１つに審議会があります（国家行政組織法第８条）。教育行政においては、中央教育審議会（文部科学省組織令第８５条、第８６条）や教科用図書検定調査審議会（同令第８５条、第８７条）、大学設置・学校法人審議会（同令第８５条、第８８条）の３つが文部科学省の審議会です。

第4節　地方の行政機関

　教育に関わる行政機関には、首長や教育委員会、教育長、審議会、総合教育会議等が存在します。地方に関しては、まず地方教育行政の組織及び運営に関する法律の２０１４年の法改正について述べる必要があります。主な改正は、教育委員会制度を維持しながらも、首長の教育行政に対する関与と調整の仕組みを整え、教育委員会の代表者としての教育長の地位・権限をより明確にしたことです。

　具体的には、①首長が教育行政の基本方針を示す教育大綱を策定すること（第１条の三）。②首長が主宰する総合教育会議を必置とし、首長と教育委員会の協議、調整の場とすることで両者の意思疎通を図り連携の強化に努めること（第１条の４）。③教育委員長職を廃止して教育長を委員会の代表者、会務を総理する責任者としたこと（第４条）などです。

　さて、首長はどのような権限を持っているのでしょうか。６種類挙げることが出来ます。①教育委員及び教育長の任命（第４条１項、２項）。②教育関連予算・条例案の作成・提出（地方自治法第１４条）。③教育財産の取得・処分（地教行法第２２条４号）。④教育委員会の所掌に係る事項に関する契約の締結（同法同条第５号）。⑤教育予算の執行（同法同条第６号）。⑥大綱を策定すること（同法１条の四）。

　次に、教育委員会について述べます。教育委員会の構成を見

ますと、狭義には教育長及び教育委員による合議制委員会を指し（地教行法第３条）、広義には教育委員会の事務局も含めます（同法第１７条）。同法第１８条は、「都道府県に置かれる教育委員会の事務局に、指導主事、事務職員及び技術職員を置くほか、所要の職員を置く。」（１項）とし、市町村においても、「市町村に置かれる教育委員会の事務局に、前項の規定に準じて指導主事その他の職員を置く。」（２項）と規定されています。指導主事は、「教育課程、学習指導その他学校教育に関する専門的事項の指導」を行います（同条３項）。

　教育委員会にはどのような職務権限があるのでしょうか。この点につき、地方自治法第１８０条の８は、「教育委員会は、別に法律の定めるところにより、学校その他の教育機関を管理し、学校の組織編制、教育課程、教科書その他の教材の取扱及び教育職員の身分取扱に関する事務を行い、並びに社会教育その他教育、学術及び文化に関する事務を管理し及びこれを執行する。」と規定しています。これを受けて、地教行法第２１条は「教育委員会は、当該地方公共団体が処理する教育に関する事務で、次に掲げるものを管理し、及び執行する。」とし、１号～１９号において職務権限を具体化しています。

一　教育委員会の所管に属する第三十条に規定する学校その他の教育機関（以下「学校その他の教育機関」という。）の設置、管理及び廃止に関すること。

二　教育委員会の所管に属する学校その他の教育機関の用に供する財産（以下「教育財産」という。）の管理に関すること。

三 教育委員会及び教育委員会の所管に属する学校その他の教育機関の職員の任免その他の人事に関すること。

四 学齢生徒及び学齢児童の就学並びに生徒、児童及び幼児の入学、転学及び退学に関すること。

五 教育委員会の所管に属する学校の組織編制、教育課程、学習指導、生徒指導及び職業指導に関すること。

六 教科書その他の教材の取扱いに関すること。

七 校舎その他の施設及び教具その他の設備の整備に関すること。

八 校長、教員その他の教育関係職員の研修に関すること。

九 校長、教員その他の教育関係職員並びに生徒、児童及び幼児の保健、安全、厚生及び福利に関すること。

十 教育委員会の所管に属する学校その他の教育機関の環境衛生に関すること。

十一 学校給食に関すること。

十二 青少年教育、女性教育及び公民館の事業その他社会教育に関すること。

十三 スポーツに関すること。

十四 文化財の保護に関すること。

十五 ユネスコ活動に関すること。

十六 教育に関する法人に関すること。

十七 教育に係る調査及び基幹統計その他の統計に関すること。

十八 所掌事務に係る広報及び所掌事務に係る教育行政に関する相談に関すること。

> **十九** 前各号に掲げるもののほか、当該地方公共団体の区域内
> における教育に関する事務に関すること。

　この条文を読む限り、区域内の教育に関する事務すべてに教育委員会の職務権限が及ぶこととなります。もっとも、教育委員会はその権限のすべてを直接行使するのではなく、学校管理規則を定めて権限を配分・委譲するなどしています（例；「大阪市立学校管理規則」昭和35年教育委員会規則第7号)。

第5章　特別支援教育の推進

第1節　法制度の整備

　特殊教育から特別支援教育に転換するにあたり、いくつかの法改正がなされ、また条約の批准も進みました。その1つが、教育基本法の改正です。第4条2項は、「国及び地方公共団体は、障害のある者が、その障害の状態に応じ、十分な教育を受けられるよう、教育上必要な支援を講じなければならない」との規定が新設されました。

　学校教育法も同様に第8章を特別支援教育に割き、その第81条1項において、「幼稚園、小学校、中学校、義務教育学校、高等学校及び中等教育学校においては、次項各号のいずれかに該当する幼児、児童及び生徒その他教育上特別の支援を必要とする幼児、児童及び生徒に対し、文部科学大臣の定めるところにより、障害による学習上又は生活上の困難を克服するための教育を行うものとする」とし、全ての学校で特別支援教育を推進することが謳われています。同条2項においては、「小学校、中学校、義務教育学校、高等学校及び中等教育学校には、次の各号のいずれかに該当する児童及び生徒のために、特別支援学級を置くことができる」とし、高等学校においても特別支援学級は設置できることようになっています。

また、教育だけにとどまらない法律においても特別支援教育についての規定があります。障害者基本法第16条には以下のような規定があります。

1　国及び地方公共団体は、障害者が、その年齢及び能力に応じ、かつ、その特性を踏まえた十分な教育が受けられるようにするため、可能な限り障害者である児童及び生徒が障害者でない児童及び生徒と共に教育を受けられるよう配慮しつつ、教育の内容及び方法の改善及び充実を図る等必要な施策を講じなければならない。

2　国及び地方公共団体は、前項の目的を達成するため、障害者である児童及び生徒並びにその保護者に対し十分な情報の提供を行うとともに、可能な限りその意向を尊重しなければならない。

3　国及び地方公共団体は、障害者である児童及び生徒と障害者でない児童及び生徒との交流及び共同学習を積極的に進めることによって、その相互理解を促進しなければならない。

4　国及び地方公共団体は、障害者の教育に関し、調査及び研究並びに人材の確保及び資質の向上、適切な教材等の提供、学校施設の整備その他の環境の整備を促進しなければならない。

第2節　児童の権利条約の概要

　本節では、日本が批准した条約について述べます。1つは、児童の権利条約です（1994年批准）。この条約は、多様で豊富な権利を規定していたり、子どもへの手厚い保護を規定していたり、子どもを保護の客体とだけみるのではなく、権利の自立的行使の主体と位置づけられるなど画期的な条約と評価されています。

　児童の権利条約第12条1項は、「締約国は、自己の意見を形成する能力のある児童がその児童に影響を及ぼすすべての事項について自由に自己の意見を表明する権利を有する。この場合において、児童の意見は、その児童の年齢及び成熟度に従って相応に考慮されるものとする。」と規定します。また同2項において、「このため、児童は、特に自己に影響を及ぼすあらゆる司法上及び行政上の手続きにおいて、国内法の手続き規則に合致する方法により直接に又は代理人若しくは適当な団体を通じて聴取される機会を与えられる。」と規定します。

　本条が保障する権利は、人権体系上、手続的権利として位置づけられると考えられます（実体的権利ではない。）。そして、多くの学説は、手続的権利を憲法第13条（「すべて国民は、個人として尊重される。生命、自由及び幸福追求に対する国民の権利については、公共の福祉に反しない限り、立法その他の国政の上で、最大の尊重を必要とする。」）若しくは、憲法第31条

（「何人も、法律の定める手続によらなければ、その生命若しくは自由を奪はれ、又はその他の刑罰を科せられない。」）を根拠条文として、憲法上の権利とみなしています。

　しかし、憲法上の権利としたところで、具体的に例えば聴聞内容の要件として憲法上どのような要求がなされるのかなどは不明確なままです。対して、児童の権利条約第１２条２項は、「自己に影響を及ぼすあらゆる司法上及び行政上の手続き」と規定し、児童（１８歳未満）に関して聴聞（ちょうもん）が必要とされる場合を明確に定めており、日本国内の裁判所で、本条を直接適用することが可能と解されます。それゆえ、学校での懲戒（ちょうかい）（学校教育法第１１条）、や家事審判（か じ しんぱん）・調停（ちょうてい）等（家事事件手続法第４２条、第２５８条）の手続において「聴聞の機会」を与えることなくなされた決定を無効にする機能を果たし得ます。

　ここには、無論、障害児の就学指定も含まれますが、現在は学校教育法施行令第１８条の２が、「市町村の教育委員会は、児童生徒等のうち視覚障害者等について、第五条（第六条（第二号を除く。）において準用する場合を含む。）又は第十一条第一項（第十一条の二、第十一条の三、第十二条第二項及び第十二条の二第二項において準用する場合を含む。）の通知をしようとするときは、その保護者及び教育学、医学、心理学その他の障害のある児童生徒等の就学に関する専門的知識を有する者の意見を聴くものとする。」とし、保護者からの意見聴取を義務づけていることから、同条約違反にはならないと解されます。

この条文に関して重要なことは、教員が作成する個別の指導計画と支援計画についてです。これについては別の章で詳しく述べますが、条約第12条との関係で支援計画において合理的配慮が記載されることが、問題となります。例えば、ルビ打ちという合理的配慮をテストで実施するとします。このときに、ルビ打ちするかどうかを子ども本人に確認すべきということが本条約第12条を根拠として、義務づけられると解釈し得ます。

　あるいは、情緒面でのサポートの一環として、ADHD の障害を持っている子どもにテストに際して別室受験を認めていたとします。これを今年のテストからは、別室受験を認めない、つまり合理的配慮を提供しないという決定をするとします。このとき、保護者に意向を確認することに加え、子ども本人にも確認すべきことが、第12条を根拠に義務づけられると解釈し得ます。この事例で、仮に子ども本人が合理的配慮の提供、すなわち別室受験を希望した場合どのように扱うべきでしょうか。第12条1項は、「児童の意見は、その児童の年齢及び成熟度に従って相応に考慮されるものとする。」と規定されており、児童の年齢によって考慮される度合いが異なること、成熟度によっても異なることが述べられています。

　実際に私が経験した事例で、小学校5年生の聡明なお子さんですが、落ち着きにくい特性はたしかに認められました。しかし、テストに際しては、一生懸命集中しようとする姿もあり、かんしゃくを起こすことは減少していました。そうしたこともあって、保護者は、通常学級での受験を希望されたのでした。子ども本人にどうしたいか聞いたところ、みんなと一緒に受け

るという返事でした。小学校高学年にもなれば、子ども本人に
どうしたいか尋ねることは必須だろうと考えます。

　次に、児童の権利条約は、第23条において障害児の教育を
受ける権利を保障しています。

1　締約国は、精神的又は身体的な障害を有する児童が、その
　尊厳を確保し、自立を促進し及び社会への積極的な参加
　を容易にする条件の下で十分かつ相応な生活を享受すべ
　きであることを認める。
2　締約国は、障害を有する児童が特別の養護についての権
　利を有することを認めるものとし、利用可能な手段の下
　で、申込みに応じた、かつ、当該児童の状況及び父母又は
　当該児童を養護している他の者の事情に適した援助を、
　これを受ける資格を有する児童及びこのような児童の養
　護について責任を有する者に与えることを奨励し、かつ、
　確保する。
3　障害を有する児童の特別な必要を認めて、2の規定に従っ
　て与えられる援助は、父母又は当該児童を養護している
　他の者の資力を考慮して可能な限り無償で与えられるも
　のとし、かつ、障害を有する児童が可能な限り社会への統
　合及び個人の発達（文化的及び精神的な発達を含む。）を
　達成することに資する方法で当該児童が教育、訓練、保健
　サービス、リハビリテーション・サービス、雇用のための
　準備及びレクリエーションの機会を実質的に利用し及び

> 享受することができるように行われるものとする。
>
> 4 締約国は、国際協力の精神により、予防的な保健並びに障害を有する児童の医学的、心理学的及び機能的治療の分野における適当な情報の交換（リハビリテーション、教育及び職業サービスの方法に関する情報の普及及び利用を含む。）であってこれらの分野における自国の能力及び技術を向上させ並びに自国の経験を広げることができるようにすることを目的とするものを促進する。これに関しては、特に、開発途上国の必要を考慮する。

　第23条は、障害児の尊厳の確保（1項）、無償での援助（3項）、社会への統合と個人の発達（3項）、国際協力を促進するための情報交換（4項）等を規定している点で画期的な意義を有しているとされます。この内、社会への統合と個人の発達を併記している点が特に注目されます。これは、同条約が目指している教育が、単なる障害児の普通児・健常児集団への「混入」ではなく、障害児の発達を保障できるような形態での統合教育であることを示しています。

　このことは、子どもの権利委員会の一般的意見（2006年）において詳しく述べられています。尚、子どもの権利条約では、実施措置として締約国つまり日本による定期的報告制度を採用し、専門家18人からなる子どもの権利委員会を設置して、締約国の条約実施状況を監視しています。インクルーシブ教育についても述べられており、「障害児教育においてはインクルーシ

ブ教育が目標とされるべきである」とし、続いてインクルーシブ教育とはなにかについて述べられています。「すべての生徒にとって意味のある、効果的かつ良質な教育を追求しようとする一連の価値観、原則および実践であり、障害児だけではなくすべての生徒の多様な学習条件および要求に正答に対応しようとするものである。」とされます。加えて、「インクルージョンが、障害児をその課題およびニーズに関わらず普通制度に統合するだけのものとして理解および実践されるべきではない」とも述べられています。

しかし、このような条文があるからといって、直ちに国内の裁判所で直接に適用することが可能かどうかは立ち止まって考えなければなりません。同条は、「利用可能な手段の下で」とか「可能な限り」との文言があることから、国内裁判所において、国家の不作為、例えば特別支援学校を解体してすべて普通学校に一元化しない立法不作為に対して、同条第23条違反の主張がなされても、同条違反の判決を得ることは難しいと考えられます。

ただし、児童の権利条約第2条1項は、「締約国は、その管轄の下にある児童に対し、児童又はその父母若しくは法定保護者の人種、皮膚の色、性、言語、宗教、政治的意見その他の意見、国民的、種族的若しくは社会的出身、財産、心身障害、出生又は他の地位にかかわらず、いかなる差別もなしにこの条約に定める権利を尊重し、及び確保する。」と規定し、「心身障害」に

よる差別禁止を謳っています。同条は、自動執行的性格を有していることから、国内裁判所において直接適用が可能です。また、その際には、厳格な審査に服します。ここで言う厳格な審査とは、立法目的の高度の正当性が問われ、次に立法目的を達成するために必要最小限の規制手段が採用されているかが問われる審査基準です。

　心身障害による差別に対しては、憲法第14条1項（「すべて国民は、法の下に平等であって、人種、信条、性別、社会的身分又は門地により、政治的、経済的又は社会的関係において差別されない。」）に違反するとともに、児童の権利条約第2条1項に違反するとの判決がありえます。

第6章　就学と特別支援学級への入級

第1節　就学手続の流れ

　本節では、保護者の就学義務を果たす（子どもの側から見れば教育を受ける権利の実現）手続の流れについて述べます（学校教育法第16条、17条）。障害児の就学にあたっては、たいていその学校の特別支援コーディネーターが入学予定の保護者と面談します。小学校では、秋に行われる就学時健康診断が保護者と学校とのファーストコンタクトになることが多いです（学校保健安全法第11条「市（特別区を含む。以下同じ。）町村の教育委員会は、学校教育法第十七条第一項の規定により翌学年の初めから同項に規定する学校に就学させるべき者で、当該市町村の区域内に住所を有するものの就学に当たつて、その健康診断を行わなければならない。」）。

　この就学時健康診断は何が目的なのか、ということについて、同法第12条は、「市町村の教育委員会は、前条の健康診断の結果に基づき、治療を勧告し、保健上必要な助言を行い、及び学校教育法第十七条第一項に規定する義務の猶予若しくは免除又は特別支援学校への就学に関し指導を行う等適切な措置をとらなければならない。」と規定しています。

　つまり、特別支援教育についていえば、「特別支援学校への就学に関し指導を行う等適切な措置」をとるために、就学時健康診断の結果を用いているわけですから、特別支援学校に就学さ

せるかどうかの選り分けをする機会と捉えることができます。なお、現場の教員にはあまり関係がありませんが、就学時健康診断に先立って学齢簿が作成されています（学校教育法施行令第1条〜4条）。

　さて、学齢簿が作成され就学時健康診断も終わった次になされるのが、市町村教育委員会の就学先決定です（学校教育法施行令第5条「市町村の教育委員会は、就学予定者（法第十七条第一項又は第二項の規定により、翌学年の初めから小学校、中学校、義務教育学校、中等教育学校又は特別支援学校に就学させるべき者をいう。以下同じ。）のうち、認定特別支援学校就学者（視覚障害者、聴覚障害者、知的障害者、肢体不自由者又は病弱者（身体虚弱者を含む。）で、その障害が、第二十二条の三の表に規定する程度のもの（以下「視覚障害者等」という。）のうち、当該市町村の教育委員会が、その者の障害の状態、その者の教育上必要な支援の内容、地域における教育の体制の整備の状況その他の事情を勘案して、その住所の存する都道府県の設置する特別支援学校に就学させることが適当であると認める者をいう。以下同じ。）以外の者について、その保護者に対し、翌学年の初めから二月前までに、小学校、中学校又は義務教育学校の入学期日を通知しなければならない。」同第11条「市町村の教育委員会は、第二条に規定する者のうち認定特別支援学校就学者について、都道府県の教育委員会に対し、翌学年の初めから三月前までに、その氏名及び特別支援学校に就学させるべき旨を通知しなければならない。」）。この就学先決定にあたり、

どのようなことが検討されるのでしょうか。

　まずは、学校教育法施行令第２２条の３に該当するかどうかが検討されます（「法第七十五条の政令で定める視覚障害者、聴覚障害者、知的障害者、肢体不自由者又は病弱者の障害の程度は、次の表に掲げるとおりとする。」）。法第７５条とは、学校教育法第７５条のことを指しています（「第七十二条に規定する視覚障害者、聴覚障害者、知的障害者、肢体不自由者又は病弱者の障害の程度は、政令で定める。」）。

　７５条本文には、７２条について触れられています。第７２条は、「特別支援学校は、視覚障害者、聴覚障害者、知的障害者、肢体不自由者又は病弱者(身体虚弱者を含む。以下同じ。)に対して、幼稚園、小学校、中学校又は高等学校に準ずる教育を施すとともに、障害による学習上又は生活上の困難を克服し自立を図るために必要な知識技能を授けることを目的とする。」と定めており、特別支援学校の教育目的に合う障害の程度に該当するかどうかを検討することになるのです。以下に、学校教育法施行令第２２条の３の内容を示します。

区分	障害の程度
視覚障害者	両眼の視力がおおむね〇・三未満のもの又は視力以外の視機能障害が高度のもののうち、拡大鏡等の使用によっても通常の文字、図形等の視覚による認識が不可能又は著しく困難な程度のも

	の
聴覚障害者	両耳の聴力レベルがおおむね六〇デシベル以上のもののうち、補聴器等の使用によつても通常の話声を解することが不可能又は著しく困難な程度のもの
知的障害者	一　知的発達の遅滞があり、他人との意思疎通が困難で日常生活を営むのに頻繁に援助を必要とする程度のもの 二　知的発達の遅滞の程度が前号に掲げる程度に達しないもののうち、社会生活への適応が著しく困難なもの
肢体不自由者	一　肢体不自由の状態が補装具の使用によつても歩行、筆記等日常生活における基本的な動作が不可能又は困難な程度のもの 二　肢体不自由の状態が前号に掲げる程度に達しないもののうち、常時の医学的観察指導を必要とする程度のもの
病弱者	一　慢性の呼吸器疾患、腎臓疾患及び神経疾患、悪性新生物その他の疾患の状態が継続して医療又は生活規制を必要とする程度のもの

	二　身体虚弱の状態が継続して生活規
	制を必要とする程度のもの

　上記の障害の程度に該当しない場合、小学校への入学通知がなされます。つまり、学校教育法施行令第２２条の３該当するかしないかがまず判断されるわけです。かといって、上記の基準に当てはまるとしてもそれによって機械的に特別支援学校への就学指定となるわけではありません。

　上記基準に該当しない者は、小中学校に就学することになります。次に、上記基準に該当する者のうち、障害の状況や教育上必要な支援の内容、地域の教育体制等から小中学校に就学することが適当であると判断される者も小中学校に就学することになります。では、特別支援学校にはどのようなお子さんが就学することになるのか。上記の障害の程度に該当する者のうち、障害の状況や教育上必要な支援の内容、地域の教育体制等から特別支援学校に就学することが適当であると認定された者が特別支援学校に就学指定されるのです。

　障害の程度のみによって就学先が指定されるわけではありません。では具体的にどのようなことが検討されるのでしょうか。この点につき、中央教育審議会初等中等教育分科会報告「共生社会の形成に向けたインクルーシブ教育システム構築のための特別支援教育の推進」が参考になります。
　この中で、「就学基準に該当する障害のある子どもは特別支援

学校に原則就学するという従来の就学先決定の仕組みを改め、障害の状態、本人の教育的ニーズ、本人・保護者の意見、教育学、医学、心理学等専門的見地からの意見、学校や地域の状況等を踏まえた総合的な観点から就学先を決定する仕組みとすることが適当である。その際、市町村教育委員会が、本人・保護者に対し十分情報提供をしつつ、本人・保護者の意見を最大限尊重し、本人・保護者と市町村教育委員会、学校等が教育的ニーズと必要な支援について合意形成を行うことを原則とし、最終的には市町村教育委員会が決定することが適当である。現在、多くの市町村教育委員会に設置されている「就学指導委員会」については、早期からの教育相談・支援や就学先決定時のみならず、その後の一貫した支援についても助言を行うという観点から、「教育支援委員会」（仮称）といった名称とすることが適当である。「教育支援委員会」（仮称）については、機能を拡充し、一貫した支援を目指す上で重要な役割を果たすことが期待される。」と述べられています。

　尚、この中教審報告を受けて文科省が「障害のある児童生徒等に対する早期からの一貫した支援について」という同様の内容の通知を出しています（平成25年10月4日文科初756号文部科学省初等中等教育局長）。

　総合的な判断を教育支援委員会(仮称)が行うというのです。そして総合的な判断の指標として、①障害の状態、②教育上必要な支援の内容、③地域における教育整備の状況、④本人と保護者の意見、⑤専門家の意見、⑥その他の事情が考慮されるの

です。その判断を受けて、市町村教育委員会が本人・保護者の意見を最大限尊重し、教育的ニーズと必要な支援について合意形成を行うことを原則とし、就学先が決定されるのです。

　この報告を受けて、学校教育法施行令第18条の2では、「市町村の教育委員会は、児童生徒等のうち視覚障害者等について、第五条(第六条(第二号を除く。)において準用する場合を含む。)又は第十一条第一項（第十一条の二、第十一条の三、第十二条第二項及び第十二条の二第二項において準用する場合を含む。)の通知をしようとするときは、その保護者及び教育学、医学、心理学その他の障害のある児童生徒等の就学に関する専門的知識を有する者の意見を聴くものとする。」と規定されるに至りました。

　さて、就学指定については、行政手続法の第3章の規定は適用されません（学校教育法施行令第22条の2、第14条1、2項）。第3章の規定が適用されないということの意味はなにか、というと、まず不利益処分ではない、ということです。特別支援学校に就学指定する処分基準を示す必要も、手続にあたって保護者等から聴聞する必要もありませんし、保護者の意に反して就学指定された場合に理由を開示する必要もありません（行政手続法第12条〜15条）。

　なお、聴聞とは、「利害関係者の意見を聞く手続」のことをいい、弁明の機会の付与は聴聞よりも簡略化されたものです。そのどちらも就学指定に際してはないのです。もっとも、実際には教育支援委員会（仮称）で保護者の意見聴取がなされていま

すから、全く保護者の知らないところで決められるわけではありません（学校教育法施行令第18条の2）。また、そもそも行政手続法はその第2章から第6章までが地方公共団体には適用されないこともあります（第3条3項）。ただし、地方公共団体も行政手続法と同じような条例を作っています（第46条）。

　仮に、保護者が就学指定に納得しない場合、行政事件訴訟法上の処分の取消しの訴えや義務付け訴訟及び仮の義務付け訴訟を提起することになります（第3条2項、6項、第8条以下、第37条の2、第37条の5）。実際、普通学校に就学指定されたものの、仮の義務付け訴訟を提起し、訴えが認められ、特別支援学校に就学している事例もあります（大阪地決平成19年8月10日賃金と社会保障1451号38頁）。しかし、訴訟を起こしてまでというのは現実にはほぼない事例です。

　なお、就学先は一度決定しても柔軟に変更することは法令上可能ですから、（学校教育法施行令第16条「都道府県の教育委員会は、第十四条第二項の場合において、相当と認めるときは、保護者の申立により、その指定した特別支援学校を変更することができる。この場合においては、速やかに、その保護者並びに前条の通知をした特別支援学校の校長及び市町村の教育委員会に対し、その旨を通知するとともに、新たに指定した特別支援学校の校長に対し、同条第一項の通知をしなければならない。」）。訴訟を起こさせるなどの対応ではなく、就学後も柔軟な対応をするという態度を見せることが懸命だと思われます。

第2節　支援学級に入級するかどうか

　さて、就学指定が終わり、普通学校に入学した障害児・生徒は普通学級に在籍するか特別支援学級に在籍するかのどちらかになります。ここから先は、現場の教員にとって大いに関わることです。つまり、保護者から「入級させたい」とか「入級させたくない」あるいは「支援学級の入級を来年度からやめたい」という話をすることが多々あることでしょう。そんなとき、どのような法的な論点があるのでしょうか。

　米沢広一教授は、「障害児の学校・学級選択の場合には、障害児が普通学校、特別支援学級、特別支援学校のうち、どこにふり分けられるかによって、その子どもの将来にとって重大で取り返しのつかない結果をもたらしうるので、結果の重大性から、障害児の学校・学級の指定には憲法第13条が適用され、適正手続の最低限の要件である事前の告知と意見表明の機会の付与が憲法上要請されよう。」と述べています（米沢・143頁）。つまり、特別支援学級の入級についても幸福追求権から導き出される自己決定権（憲法第13条「すべて国民は、個人として尊重される。生命、自由及び幸福追求に対する国民の権利については、公共の福祉に反しない限り、立法その他の国政の上で、最大の尊重を必要とする。」）を根拠に、①事前告知と②意見表明の機会の付与がなされるべき、と説いているのです。ただし、あくまで解釈論の一つであり、真正面から認めた判例はありません。

身体障害児（肢体不自由）とその親が普通学級への入級を希望していたものの、校長が特殊学級（現特別支援学級）に入級させた事例が裁判になっています（留萌事件）。1審判決は、入級決定は憲法第26条から自動的に決まるものではなく、立法政策に委ねられているとし、著しく合理性を欠く場合を除いて違憲とはならないと判示します（旭川地判平成5年10月26日判例時報1490号49頁）。

　現行法上、児童・生徒をどの学級に入級させるかは、学校教育法37条4項を根拠として校長の権限に属すると解されます（「校長は、校務をつかさどり、所属職員を監督する。」）。実際、留萌事件の控訴審判決も「肢体不自由者に対する中学校普通教育において、当該不自由者を普通学級に入級させるか、あるいは特別支援学級に入級させるかは、終局的には校務をつかさどる中学校長の責任において判断決定されるべきもので、本人ないしはその両親の意思によって決定されるべきものということはできない。」としていますし、「教育の専門家たる校長が、教育的見地から、科学的、医学的等の見地からの判断をも斟酌の上で決定する限り、制度として合理性がある」と判示されています（札幌高判平成6年5月24日判例時報1519号67頁）。

　現在、学校の施設上の限界などがない事例ではある程度、保護者の意向が実現される傾向があるという感覚があります。単なる知的障害や自閉・情緒障害学級に入級するのであれば受け入れられるものの、全介助が必要となるお子さんの場合は要検

討となると思われます。一教員の問題意識としては、支援が必要なお子さんには入級してほしいです。なぜなら、教職員定数の問題や支援員といった方の配置の問題があるからです。つまり、入級はしないが十分な支援がほしいという保護者の要求には現実問題としてこたえられないからです。

　例えば中学校では普通学級は１学級４０人、特別支援学級は１学級８人で編成されます（義務教育書学校学級編制教職員定数標準法第３条）。例えば、あと１人入級すれば１学級増えるとします。当然、教員が配置されますので、人手が増えることになるのです。それが、支援が必要なお子さんが入級しないで普通学級に在籍するとなると、教員の数は増えずに普通学級の担任の負担が増えることになります。

　さらに、５月を過ぎて途中入級するとなるとより深刻です。学級増とはならずただ教員の負担が増えるだけです。したがって、支援を受けたいのであれば、支援学級に入級してもらいたいものです。現在の勤務校では、特別支援学級に途中入級を希望する場合は発達検査等を受けることを促し、校内の「特別支援教育委員会」で入級について検討するとしています。余談ですが、何でもかんでも受け入れると特別支援学級担任に負担がいき、個に応じた指導などできなくなる一方、入級しなければ通常学級担任等に負担がいく。そこに保護者の過大な要求が追加されるといよいよ病休者が出る、というのが全国の教員に共通しているのではないでしょうか。私は、支援が必要なお子さんは入級すべきという考えで一貫しています。それ以外は、通

常学級担任や生活指導・生徒指導部に対応してもらえば良いと思います。

第7章　個別の教育支援計画

　本章では、現場の教員にとって年度初めの大きな仕事の一つ
である個別の教育支援計画についてとりあげます。あくまで、
個別の教育支援計画の作成と実施にあたって法的な観点からど
のような注意点があるかについて概説します。また、本章と次
章は本書の特徴である「現場の教員にとって活用できる法律書」
を体現していると自負しています。つまり、一般的な法学の概
説書や教育法の概説書は、様々なトピックスが羅列されている
ことが多いのですが、個別の教育支援計画では福祉と医療、労
働の記述が避けられませんから、そこで障害児に関わる社会保
障法や医事法、民法等の要点を述べているのです。このような
配置をしている例は本書以外にありません。

▎第1節　作成義務があるか

　まず、個別の教育支援計画とは、「学校に入る前から卒業後ま
でも視野に入れて、教育のみならず福祉や医療、労働など関係
する領域による生涯にわたる一貫した支援の計画」です（柘植・
78頁）。要するに、障害をもった子どもを様々な機関が支援す
るための計画のことです。この計画を作成する根拠は、学校教
育法施行規則第134条の2、第139条の2及び学習指導要領
にあるとされます。尚、学習指導要領がなぜ法的拘束力をもつ

かというと、学校教育法第33条が「小学校の教育課程に関する事項は、第二十九条及び第三十条の規定に従い、文部科学大臣が定める。」とし、文部科学大臣が省令として学校教育法施行規則によって「小学校の教育課程については、この節に定めるもののほか、教育課程の基準として文部科学大臣が別に公示する小学校学習指導要領によるものとする。」と定めているからです（第52条）。

　もちろん、小学校だけの規定ではなく、中学校等にも同様の規定があります（学校教育法第25条、第48条、学校教育法施行規則第38条、第74条、第84条、第108条、第129条）。

　学習指導要領によれば、小学校と中学校は作成義務があり、幼稚園と高等学校は作成義務がなく、高等学校も一部を除きあくまで努力義務に過ぎないことになります。以下に、学習指導要領の文言と解説について見ていきます。波線と網掛け部分は、筆者によります。

校種	根拠	教育要領・指導要領の文言
幼稚園	第3章第5の1	「障害のある幼児などへの指導に当たっては，集団の中で生活することを通して全体的な発達を促していくことに配慮し，特別支援学校などの助言又は援助を活用しつつ，個々の幼児の障害の状態などに応じた指導内容や指導方法の工夫を組織的かつ計

		画的に行うものとする。また、家庭, 地域及び医療や福祉, 保健等の業務を行う関係機関との連携を図り, 長期的な視点で幼児への教育的支援を行うために, 個別の教育支援計画を作成し活用することに努めるとともに, 個々の幼児の実態を的確に把握し, 個別の指導計画を作成し活用することに努めるものとする。」
小学校	第1章 第4の 2 (1) エ	「障害のある児童などについては, 家庭、地域及び医療や福祉, 保健, 労働等の業務を行う関係機関との連携を図り, 長期的な視点で児童への教育的支援を行うために, 個別の教育支援計画を作成し活用することに努めるとともに, 各教科等の指導に当たって, 個々の児童の実態を的確に把握し, 個別の指導計画を作成し活用することに努めるものとする。特に, 特別支援学級に在籍する児童や通級による指導を受ける児童については, 個々の児童の実態を的確に把握し, 個別の教育支援計画や個別の指導計画を作成し, 効果的に活用するものとする。」
中学校	第1章 第4の 2 (1) エ	「障害のある生徒などについては, 家庭, 地域及び医療や福祉, 保健, 労働等の業務を行う関係機関との連携を図り, 長期的な視点で生徒への教育的支援を行うために, 個

		別の教育支援計画を作成し活用することに努めるとともに，各教科等の指導に当たって，個々の生徒の実態を的確に把握し，個別の指導計画を作成し活用することに努めるものとする。特に，特別支援学級に在籍する生徒や通級による指導を受ける生徒については，個々の生徒の実態を的確に把握し，個別の教育支援計画や個別の指導計画を作成し，効果的に活用するものとする。」
高等学校	第1章第5款の2（1）ウ	「障害のある生徒などについては，家庭，地域及び医療や福祉，保健，労働等の業務を行う関係機関との連携を図り，長期的な視点で生徒への教育的支援を行うために，個別の教育支援計画を作成し活用することに努めるとともに，各教科・科目等の指導に当たって，個々の生徒の実態を的確に把握し，個別の指導計画を作成し活用することに努めるものとする。特に，通級による指導を受ける生徒については，個々の生徒の障害の状態等の実態を的確に把握し，個別の教育支援計画や個別の指導計画を作成し，効果的に活用するものとする。」

　さて、ここでは学習指導要領に法的拘束力があるかどうかという点については、深堀しません。ただ、学習指導要領が文科

省の告示という形式をとっており、憲法第２６条１項の「すべて国民は、法律の定めるところにより、その能力に応じて、ひとしく教育を受ける権利を有する。」との文言中の「法律に定める」とする教育法律主義に反しているとの指摘があることには留意する必要があります。いずれにしましても、現場では「生ける法」として機能していることは間違いないと思われますし、個別の教育支援計画にかかる規定は、大綱的な基準を示したにとどまっていると考えます。

　学習指導要領の引用文の内、波線部分が主語です。そして、網掛け部分は作成義務があるかどうかにあたります。そうすると、幼稚園では、「努める」のみですから、作成は努力義務です。あくまで努力義務ですから、幼稚園教員は一義的に障害のあるお子さんの個別の教育支援計画を作成する義務はありません。したがって、保護者から要求されても直ちに作成しなければならない、とはなりません。

　次に、小学校と中学校はほぼ同じ文言となっていますから、両者同様に考えて構いません。小学校と中学校は、特別支援学級在籍児童・生徒か通級による指導を受ける児童生徒の場合に作成する義務があります。それ以外に障害のあるお子さんが学校に在籍していたとしても作成義務はありません。あくまで「努める」だけです。

　最後に、高等学校の場合、通級による指導を受けている生徒のみ作成義務があります。それ以外に、たとえ障害をもっていたとしても作成は「努める」ものとされており、努力義務に過ぎません。したがって、高校の教員は、通級による指導を受け

ている生徒についてだけ支援計画を作成する必要があります。

　しかし、留意しておくべきことがあります。私たちは、教育公務員ですから上司の職務上の命令に従う義務があります（地教行法第43条2項「県費負担教職員は、その職務を遂行するに当つて、法令、当該市町村の条例及び規則並びに当該市町村委員会の定める教育委員会規則及び規程（前条又は次項の規定によつて都道府県が制定する条例を含む。）に従い、かつ、市町村委員会その他職務上の上司の職務上の命令に忠実に従わなければならない。」及び地公法第32条「職員は、その職務を遂行するに当つて、法令、条例、地方公共団体の規則及び地方公共団体の機関の定める規程に従い、且つ、上司の職務上の命令に忠実に従わなければならない。」）。

　また、私学の教員であっても上司の職務命令に従う必要があります。たいてい、就業規則に上司の指示命令への服従義務が定められていますし、労働契約法7条本文にも根拠があります（「労働者及び使用者が労働契約を締結する場合において、使用者が合理的な労働条件が定められている就業規則を労働者に周知させていた場合には、労働契約の内容は、その就業規則で定める労働条件によるものとする。」）。ですから、教員は、上司に命令されたら個別の教育支援計画を作成しなければならないでしょう。上司とは、教頭や校長などを指します。学習指導要領とは別次元の問題と考えた方が良いでしょう。

第2節　情報収集と個人情報保護

　個人情報にかかわる服務事故ということに、どの学校でも神経を尖らせているのではないでしょうか。本節は、個別の教育支援計画作成にあたって当然に個人情報を取得し利用しあるいは提供するわけですが、その点について法的観点から概説します。

　まず、個別の教育支援計画は、氏名や住所、障害などがわかるものですから、行政機関個人情報保護法第2条2項1号にいう個人情報にあたります。行政機関は、個人情報の保有にあたっては、①「所掌事務を遂行するため必要な場合に」限ること。②「利用目的をできる限り特定」することがもとめられます（同法第3条1項）。

　さらに、個人情報の取得にあたっては、事前に利用目的を明示することがもとめられます（同法第4条）。ただし、例外も4つあります。①人の生命、身体又は財産の保護のために緊急に必要があるとき。②利用目的を本人に明示することにより、本人又は第三者の生命、身体、財産その他の権利利益を害するおそれがあるとき。③利用目的を本人に明示することにより、国の機関、独立行政法人等、地方公共団体又は地方独立行政法人が行う事務又は事業の適正な遂行に支障を及ぼすおそれがあるとき。④取得の状況からみて利用目的が明らかであると認められるとき（第4条1項1～4号）。

さて、この条文からどのような実務的な対応が必要になるでしょうか。本章第1節で、個別の教育支援計画に作成義務があるのは、小学校からだ、と述べました。そうすると、一般的には小学校の教員が初めて個別の教育支援計画を作ることになるのです。そこで、小学校の教員は個別の教育支援計画作成にあたって、事前に入級する段階でどのような目的の計画なのかを保護者に説明すべきです。

　そうすれば、①関係機関との連携、②長期的な教育支援のための計画であることは学習指導要領からも明らかですので、利用目的を明示していますし、連携が前提ですから校種を超えて引き継ぐことが当然です。したがって、個人情報の保有、取得になんら問題は生じません。繰り返しますと、初めに個別の教育支援計画を作る教員が保護者に、①関係機関との連携、②長期的な教育支援のための計画であることを説明し、同意を得ることをシステム化すべきです。

　では、保有と取得以外の利用と提供についてはどう対応すべきか。これも基本的に先に述べたことと同じです。行政機関個人情報保護法第8条は、「行政機関の長は、法令に基づく場合を除き、利用目的以外の目的のために保有個人情報を自ら利用し、又は提供してはならない。」と規定しています。利用目的の範囲内であれば、利用と提供はできること、法令に基づく場合にも利用と提供は可能であるとされます。

　現場の教員にとっては、利用目的がはっきりしていて、保護者の同意が取れてさえすれば利用と提供に何ら問題はありませ

ん。

　尚、行政機関個人情報保護法の規制対象に学校は入っていません（第２条１項）、同様の内容の条例が各自治体にあります。例えば大阪市個人情報保護条例があります。都道府県立の学校は、都道府県の条例を見る必要がありますし、市町村立の学校は市町村の条例をそれぞれ見なくてはなりません。また、私学は個人情報保護法で同様の規律がなされています。

　さらに、病弱児や肢体不自由児等の場合、病名が記載されることがあります。この病名に関しては、「要配慮個人情報」にあたります。要配慮個人情報とは、「本人の人種、信条、社会的身分、病歴、犯罪の経歴、犯罪により害を被った事実その他本人に対する不当な差別、偏見その他の不利益が生じないようにその取扱いに特に配慮を要するものとして政令で定める記述等が含まれる個人情報」のことです（行政機関個人情報保護法第２条４項）。

　これに当たると、例えば大阪市個人情報保護条例では、「実施機関は、思想、信条及び宗教に関する個人情報並びに人種、民族、犯罪歴その他社会的差別の原因となるおそれがあると認められる事項に関する個人情報を収集してはならない。」とされます。ただし例外として、①法令又は条例（以下「法令等」という。）に定めがあるときと、②事務の目的を達成するために必要不可欠であると認められるときには、収集は可能です（第６条

2項)。

　ここで注意すべきは、要配慮個人情報の収集は原則認められないことと同意の有無は無関係であることです。ですから、「黒人である」とか「在日朝鮮人である」とかは、個別の教育支援計画を作成するにあたって収集してはなりません。保護者の同意があっても同じです。ただし、病名や病歴は、学習指導要領自体に根拠があり「法令に定めがあるとき」と解釈し得ますし、個別の教育支援計画の性質上、必要不可欠と解することも可能ですから、収集できると考えます。

第3節　誰が作成するか

　結論から言うと実務上は、支援学級担任が作成し、法的には校長が作成主体となります（学校教育法施行規則第134条の2第1項「校長は、特別支援学校に在学する児童等について個別の教育支援計画（学校と医療、保険、福祉、労働等に関する業務を行う関係機関及び民間団体（次項において「関係機関等」という。）との連携の下に行う当該児童等に対する長期的な支援に関する計画をいう。）を作成しなければならない。」、第139条の2「第134条の2の規定は、小学校、中学校若しくは義務教育学校又は中等教育学校の前期課程における特別支援学級の児童又は生徒について準用する。」）。

これをうけて、たとえば中学校学習指導要領解説総則編では、「校長は、特別支援教育実施の責任者として、校内委員会を設置して、特別支援教育コーディネーターを指名し、校務分掌に明確に位置づけるなど、学校全体の特別支援教育の体制を充実させ、効果的な学校運営に努める必要がある。」としています（１０６頁）。

　また、「教育、医療、福祉、労働等の関係機関が連携を図り、障害のある生徒の生涯にわたる継続的な支援体制を整え、それぞれの年代における生徒の望ましい成長を促すため、個別の支援計画を作成することが示された。この個別の支援計画のうち、幼児児童生徒に対して、<u>教育機関が中心となって</u>作成するものを、個別の教育支援計画という。」と解説されています（下線部は筆者、１１１〜１１２頁）。

　さらに、「個別の教育支援計画と個別の指導計画の作成・活用システムを校内で構築していくためには、障害のある生徒などを担任する教師や特別支援教育コーディネーターだけにまかせるのではなく、すべての教師の理解と協力が必要である。」と解説されており（１１３頁）、担任や特別支援教育コーディネーターに任されている実態があることが示されています。

　指導要領解説からは、①校長が特別支援教育の責任者。②校内支援委員会を設置。③特別支援教育コーディネーターを指名。④教育機関が中心になる。⑤担任や特別支援教育コーディネーターが個別の教育支援計画を作成することが示されています。

学校教育法第３７条４項「校長は、校務をつかさどり、所属職員を監督する。」を根拠に、校長の権限で支援学級担任を指名し、その支援学級担任等が受け持つ児童・生徒の分の個別の教育支援計画を作成する、という法律構成がスマートです。ただし、担任にはどのような権限がありまたどのような義務があるのかなどは曖昧です。尚、校内支援委員会が作成するとの解釈は難しいでしょう。各学校の実態はほとんど支援学級担任が作成しているのですから、その実態を追認する法律構成をすれば良いのです。

　現在、各地で外国籍のお子さんが増えています。仮にアメリカからの帰国子女で障害を抱えているお子さんが転校してきたとします。その子が個別の教育支援計画や個別の指導計画をもっていたとしたらどうすべきでしょうか。そのお子さんの父母は、まさに契約条項とでも言わんばかりにアメリカのときと同じように支援を求めるかも知れません。あり得なくない事例です。そういう場合は、障害者差別解消法第７条を根拠にオールオッケーの返事をしなくて良いと考えます。なぜなら、「行政機関等は、その事務又は事業を行うに当たり、障害者から現に社会的障壁の除去を必要としている旨の意思の表明があった場合において、その実施に伴う負担が過重でないときは、障害者の権利利益を侵害することとならないよう、当該障害者の性別、年齢及び障害の状態に応じて、社会的障壁の除去の実施について必要かつ合理的な配慮をしなければならない。」との文言の内、下線部にある通り、合理的配慮の提供に伴う負担が過重だから

です。日本語訳すること自体難しいですし、教育体制も違いますから、実務的には「絶対されたら困ること」を聞けばそれで良いと思われます。

第4節　医療機関受診と親権者の同意

　さて、個別の教育支援計画はでは病名やかかりつけ医などの医療情報が記載されます。それにかかわって知っておくべき法制度について見ていきます。まず、医者と患者の関係は契約によって規律されます。具体的には、準委任と考えられます（民法第656条「この節の規定は、法律行為でない事務の委託について準用する。」）。もっとも、学説の中には準委任ではなく医療契約という特殊な契約とする説もあります。委任契約は、「委任は、当事者の一方が法律行為をすることを相手方に委託し、相手方がこれを承諾することによって、その効力を生ずる」（第643条）ものであり、また、「受任者は、委任の本旨に従い、善良な管理者の注意をもって、委任事務を処理する義務を負う」（第644条）とされています。詳しく知りたい方は債権法各論という民法学の一分野を学習しましょう。

　ここで注意すべきは、医療機関と契約を結ぶ委任者は、子ども本人だということです。親ではありません。患者が未成年者であっても、その者への医療行為をなすには患者の同意が必要です。ただ、成熟度の個人差から有効に同意したとされる場合

は必ずしも多くなく、したがって、親権者の意見が決定的となるのです。障害のあるなしにかかわらず未成年者は、親権に服します（民法第818条1項「成年に達しない子は、父母の親権に服する。」）。離婚した場合は、父母のどちらかが単独で親権を行使します（民法第819条）。

　尚、障害をもつ子どもを育てることに不安があることを理由になされた子の手術に同意しなかった事例があります。この事例では、事態の放置は未成年者の生命を危うくするものであり、その対応に合理的理由を認められないと判断され、親権者の職務執行が停止され、職務代行者が選任されました（津家審平成20年1月25日家月62巻8号83頁）。手術しなければ数ヶ月以内に死亡するような事件ですが、私たちにとって必ずしも他人事ではありません。

　例えば、発達検査を受けてほしいとか、発達障害の診断ができる医療機関を一度受診してほしいと思うことは無いでしょうか。そのときに、親権者という問題にぶつかります。親権者は障害の受容が出来ていないものの、子どもの困り感が強い場合どうすべきでしょうか。単純に法律で割り切れるものではありません。かといって法律を無視するわけにもいかないのです。

　ですから親権者には未成年者への医療に対する同意権があること、その親権の行使が子の福祉に反する場合には親権停止等の措置も取り得ることは知っておくべきです（民法第834条の2「父又は母による親権の行使が困難又は不適当であることにより子の利益を害するときは、家庭裁判所は、子、その親族、

未成年後見人、未成年後見監督人又は検察官の請求により、その父又は母について、親権停止の審判をすることができる。」）。

第5節　学校による服薬指導

　特別支援学級担任向けの本に次のような説明がありました。「薬の管理と服用を本人・保護者に代わって担任や養護教諭がすることがあります。その場合には、本人・保護者との合意に基づき、校長名のもとに書面で『医療行為の代用』を作成（署名捺印）し、養護教諭と連携しながら実施します。また、修学旅行など宿泊を伴う行事のときにも同様で、『医療行為の代用』を明確にします。」と書かれていました（三浦・179頁）。

　この本は三浦光哉山形大学教授が編著者になって各章を現場の教諭や指導主事、校長が執筆したもので非常に使い勝手が良いです。しかし、法令の根拠が記載されておらず、なぜ「医療行為の代用」をしたら服薬指導は可能なのか等が書かれていませんから、例えば誤服用があった場合にどうなるのかなど全くわからないままです。

　結論から言うと教員による服薬指導・補助は法的にも可能と考えられます。教諭は「児童の教育をつかさどる」（学校教育法第37条11項）とされ、特に支援学級担任は障害をもった子どもを引き受けることが職務に内在しているのですから、事実行為として服薬を補助することは可能と考えられます。

もう少し詳しく言いますと、保護者から依頼があって本人も明確な服薬拒否をしていないのであれば、服薬を補助することは正当業務行為と解することが可能です。刑法第３５条は「法令又は正当な業務による行為は、罰しない。」と定めており、違法性が阻却されるとしています。また、「校長名のもとに書面で『医療行為の代用』を作成（署名捺印）」するとありますから、この Q&A にしたがって校長に一枚噛んでもらえば、校長からの職務命令で行っている業務と解することも可能であり、同様に違法性が阻却されると解し得ます。あるいは、刑法の場合にはそもそも可罰的違法性がないとして構成要件該当性すら問題にされず、刑事罰を受けない可能性もあります。民事上の責任についても、違法性がないと解釈し得ます。

　しかし、絶対にやってはいけないことは本人、つまり子どもが嫌がっているのに無理矢理飲ませることは避けるべきです。子どもの自己決定権（憲法第１３条「すべて国民は、個人として尊重される。生命、自由及び幸福追求に対する国民の権利については、公共の福祉に反しない限り、立法その他の国政の上で、最大の尊重を必要とする。」）の侵害になり得ます。さらに、刑事上の責任を追及される可能性もあります（刑法第２０８条「暴行を加えた者が人を傷害するに至らなかったときは、二年以下の懲役若しくは三十万円以下の罰金又は拘留若しくは科料に処する。」）。

　私が担任した子どもで抗 ADHD 薬に対し抵抗を見せている

例が実際にありました。まだ小学校5年生で父母に逆らう力はなかったものの、支援学級担任である私には「飲みたくない」とはっきり答えました。この本を読んで下さっているあなたは、このような事例にあたった場合どうしますか？幸いと言いますか給食時に服薬する必要はありませんでした。

それでも私は、子どもが嫌がっているのに無理矢理飲ますことは避けること、日々の副作用を注意深く観察することを意識しました。林間学校に際しては強く拒否するということがありませんでした。仮に、服薬を補助する場合は絶対に用法用量を守りましょう。勝手な判断で飲みやすくするゼリーを与えることや服薬時間を変えることなどは避けましょう。「朝、飲むの忘れたから昼の分をいま飲むわ」と子どもに言われたらどうしますか？一時間目が始まる前などに子どもに言われたら「どうしよう」と悩んでしまわないでしょうか。悩むのは結構ですが、昼に飲ませるために預かっていた薬を朝に服薬させることは、教員の判断ですべきではありません。処方箋を書いた医師の判断に従うべきです。用法用量を守らずに行う服薬指導は、正当業務行為とは言えず違法性が阻却されない可能性があります。

第6節　教員は発達検査等を実施できるか

本節も現場の支援学級担任にとって身近な話題です。WISC-ⅣやKABC-Ⅱ、新版K式発達検査の検査をできる教員もいらっしゃるでしょう。その教員は、どのような法的根拠で検査を実

施しているのでしょうか。支援学級担任として、WISC-Ⅳの検査結果は実際に授業を行う上で有用ですし、子どもと身近に接している教員だからこそ、「WISC-Ⅳが実施できるようになれば良い」と研修で助言されることもあります。

　しかし、法令のどこにも「教員は発達検査を実施する権限がある」とか「教員による発達検査の実施は違法ではない」と書いてはいません。にもかかわらず、現場では検査者の資格を有している人もそうでない人も発達検査を実施しています。こういうときこそ、法学を学んだ者はリーガルマインド（法的思考）を遺憾なく発揮すべきでしょう。

　結論から申しますと、教員の職務権限・裁量として発達検査は実施可能で、違法性もないと解されます。ただし、私の解釈であり今後、法学者や法律実務家に検証される必要があります。その点に留意して、本節を参考にしてください。

　まず、WISC-Ⅳなどの発達検査は、医療行為（医行為）にあたるのか。あたるとすれば、医師法第17条「医師でなければ、医業をなしてはならない。」とする規定に反することになります。ですから、この点の検討をいたします。医療行為とは、医師の医学的判断および技術をもってするのでなければ人体に危害を及ぼすおそれのある行為（最判昭和56年11月17日判例タイムズ459号55頁）で、医師にのみその実施が認められています。そうすると、WISC-Ⅳは、治療目的などに用いるものではなく、医学的な判断というよりも教育的な判断で行うものです。また、医師によらなければ人体に危害を及ぼすような検査では

ありません。したがって、医療行為にはあたらないと解されます。

　医療行為にあたらない以上、医師以外でも発達検査は実施可能です。では、教員が検査を実施できる法的な理由付けはどのようにするか。これは、教員の教授の自由（憲法第２３条「学問の自由は、これを保障する。」）あるいは学校教育法第３７条１１項（「教諭は、児童の教育をつかさどる」）によって根拠付けることができると考えます。

　旭川学テ事件の上告審では、「子どもの教育が教師と子どもとの間の直接の人格的接触を通じ、その個性に応じて行わなければならないという本質的な要請に照らし、教授の具体的内容及び方法につきある程度自由な裁量が認められなければならないという意味においては、一定の範囲における教授の自由が保障されるべきことを肯定できないではない。」と判示されています。また、続けて「しかし、大学教育の場合には、学生が一応教授内容を批判する能力を備えていると考えられるのに対し、普通教育においては、児童生徒にこのような能力がなく、教師が児童生徒に対して強い影響力、支配力を有することを考え、また、普通教育においては、子どもの側に学校や教師を選択する余地が乏しく、教育の機会均等をはかる上からも全国的に一定の水準を確保すべき強い要請があること等に思いをいたすときは、普通教育における教師に完全な教授の自由を認めることは、とうてい許されないところといわなければならない。」とも判示さ

れています。

　旭川学テ事件の最大判<ruby>最大判<rt>さいだいはん</rt></ruby>からは、教員は、教授の具体的内容および方法につきある程度自由な裁量が認められることが示されています。しかし、発達検査は教授内容でもなければ方法でもないのではないか、と疑問に思われるかもしれません。そこで、発達検査の目的に立ち返る必要があります。

　教員は児童生徒の指導にあたって実態把握をする必要があります。このとき、「経験と勘」に頼っていては、エビデンスの無い指導になります。たとえば、「遅刻する子ども」という実態では、精神障害の場合もありますし発達障害があるかもしれません。虐待や経済的な貧困等の家庭の状況を反映しているかも知れません。それを一律に「遅刻するな。」とだけ叱っていてもしょうがないのです。指導には、子どもの実態把握が絶対必要ですし、特別支援教育では実態把握が仕事のほとんどと言っても過言ではないでしょう。

　発達検査実施にあたっては、「何を知りたいのか」を明確にするべきです。運動機能の発達をみたいのに、WISC-Ⅳを実施しても意味はありません。知的レベルや認知の偏りを把握し、指導に生かすのです。実態把握によって、支援学級担任として、選択する教材も変わってきますし、指導方法も視覚優位か聴覚優位かによって変わります。つまり、教授内容の決定と方法に内在するものが実態把握であり発達検査なのです。したがって、教師の教授の自由によって、発達検査は可能ですし、学校教育法第３７条１１項により職務権限の範囲と解することもできま

す。

　次に、教員に発達検査実施権限があるのだとして、それが適法になる要件はなにか、が問われます。無論、発達検査自体を準委任契約と捉えることも可能と考え、本人同士の有効な意思表示があり親権者の同意もあればそれで足りると考えることもできなくはありませんが、以下では、医療行為の適法要件を参考に、適法な職務権限の行使について考えてみます。

　医療行為が適法とされるためには、単に医師によって実施されれば足りるものではありません。基本的に、①医学的適応のもとに医師が治療目的を有しており、②用いられる医療行為の方法が現代医療の見地からみて妥当なものと解され、かつ③患者の同意があることの３つです（手島・４４頁）。

　そうすると、教員が発達検査を実施するに際しても類似の要件を考えることが可能です。つまり、①子どもに困り感があり、教員が教育目的を有していること。②教員が検査者の資格を有し実施手順に沿った検査を行うこと。③子ども本人又は親権者の検査への同意があること。以上の３要件に加えて、④支援学級担任が実際に抽出授業を実施しているお子さんに限るべきです。なぜなら、抽出授業をしているということは、教育課程編成も支援学級担任が行い、実際に授業実施し、成績評価も一貫して行うからこそ、その子の実態を把握する必要があるからです。

　以上４つの要件が、教員の職務権限としてあるいは裁量の範

囲内で発達検査が行われるために必要と考えます。

　②に関しては、例えば WISC-Ⅳは、日本文化科学社という会社が発売しているもので、検査者の資格が示されています。使用者のレベルは「C」とされます。具体的には、「レベル B の基準を満たし、かつ心理学、教育学または関連する分野の博士号、心理検査に係る資格（公認心理師、臨床心理士、学校心理士、臨床発達心理士等）、医療関連国家資格（医師、言語聴覚士等）のいずれかを有する方、あるいは国家公務員心理職（家庭裁判所調査官等）、地方公務員心理職（児童心理司等）の職で心理検査の実施に携わる方」とされます。レベル B は、「大学院修士課程で心理検査に関する実践演習を履修した方、または心理検査の実施方法や倫理的利用について同等の教育・研修を受けている方」とされています。この要件を満たす方が、②の要件も充足すると考えます。もっとも、レベル B の方がレベル C の方にスーパーバイズしてもらう形で、WISC-Ⅳを実施しても問題ないと考えます。

　そうすると、私は、教員として WISC-Ⅳ検査法研修を受講しており、レベル B には該当しますが、博士号や資格を有しておりませんので、レベル C にはあたらないから WISC-Ⅳ検査を単独では実施できないことになりそうです。しかし、資格を有するスクールカウンセラーや指導主事等にスーパーバイズを受けることを条件としてレベル C に準じた者として検査者の資格があると解されます。上記②の要件を満たしたのですから、あ

は①と③、④の要件を充足すれば良いのです。

　尚、検査を実施した場合の費用負担については、報酬はもちろん受け取るべきではありませんが、検査用紙代などは一考の余地があります。憲法第２６条２項後段は、「義務教育は、これを無償とする。」と規定します。素直に読むと、義務教育段階で行われている検査は無償となるように考えられます。しかし、この規定は、授業料の不徴収を意味すると解されます（判例）。教育基本法においても、第５条４項においてはっきりと「国又は地方公共団体の設置する学校における義務教育については、授業料を徴収しない。」とし、授業料の不徴収しか規定していません。

　これに対し、就学必需費無償説もありますが、少数説にとどまっています。最高裁は、「憲法２６条２項の規定は、義務教育における授業料不徴収の意味と解するのが相当であり、教科書、学用品その他教育に必要な一切の費用まで無性にすべく定めたものではない。」と判示し、授業料無償説をとっています（最大判昭和３９年２月２６日判時３６３号９頁）。

　そうしますと、判例や法律の規定を反対解釈すると、検査用紙は授業料ではありませんから、無償にならないと解し得ます。したがって、実費負担を要求することは可能です。その上で、実務上は、保護者に実費負担を要請することは稀です。検査者の判断に任せられるでしょう。「実費負担しなければ、検査を実施しない」という方針であればそれはそれで良いのです。検査自体、しなければならないものではありません。

第7節　教員による医療的ケア

　医療的ケアについては、特別支援学校等で課題となってきたことですが、いまは特別支援学級においても教員の悩みの種となっているのではないでしょうか。もともと、「違法性が阻却される」という考えできていますから、グレーゾーン扱いになっていました。それが最近になってようやく文科省において「学校における医療的ケアの今後の対応について」という通知が出されるに至りました（平成31年3月20日文科初第1769号）。

　その中で、「看護師等及び教職員等による対応に当たっては、保護者から、医療的ケアの実施についての学校又は教育委員会への依頼と学校で実施することの同意について、書面で提出させること。」が学校における基本的な対応として示されています。この通知には書かれてありませんが、必ず個別の教育支援計画に書き込みましょう。そこに保護者のサインがあれば、同意があったものとされます。

第8節　障害児に関わる福祉法制

　放課後等デイサービスや療育手帳など支援学級担任は大きく福祉行政に関係しています。そこで、福祉法制を考える際には、2つおさえておくべきことがあります。1つは、障害児の定義です。2つ目は、福祉法制の全体図を把握することです。

まず、０歳から１８歳までは、児童福祉法第４条２項の定義規定をみましょう。そこには、「この法律で、障害児とは、身体に障害のある児童、知的障害のある児童、精神に障害のある児童（発達障害者支援法（平成十六年法律第百六十七号）第二条第二項に規定する発達障害児を含む。）又は治療方法が確立していない疾病その他の特殊の疾病であつて障害者の日常生活及び社会生活を総合的に支援するための法律（平成十七年法律第百二十三号）第四条第一項の政令で定めるものによる障害の程度が同項の厚生労働大臣が定める程度である児童をいう。」と書かれてあります。つまり、障害種は４つに分けられ、①身体障害者、②知的障害者、③精神障害者、④難病患者等です。

　では、１８歳を超えるとどうなるのか。①は、身体障害者福祉法第４条に規定する身体障害者となります。②は、知的障害福祉法にいう知的障害者のうち１８歳以上である者で、ここには発達障害者も含まれます。③は、精神障害者福祉法第５条に規定する精神障害者のうち１８歳以上の者です。④は、治療方法が確立していない疾病その他の特殊の疾病であって、政令で定めるものによる障害の程度が同項の厚生労働大臣が定める程度である者（障害者総合支援法第４条１項）となります。

　さて、障害者とは何か、その定義をはっきりさせたら、つぎはどのような福祉サービスが受けられるのかについて、大枠を見ていきます。障害者福祉については、２００２年までは市町村の措置に基づいて実施されていました。措置とは、行政庁が職

権でサービス供給の可否を設定した上で措置決定を行い、これらを供給する仕組みのことです。それが、２００３年からは支援費制度に変わり、さらに２００６年からは障害者自立支援給付制度になり、現在は障害者総合支援法に基づく給付に変わっています。

　障害者総合支援法に変わってから、都道府県と市町村の二元体制で行われていたサービスの提供も市町村が一元的に実施し、都道府県がこれをバックアップする形になりました（第２条）。また、生活を支える福祉サービスは、もっぱら障害者総合支援法が担います。ただし、障害者が契約の当事者になるのが困難ですとか虐待を受けて保護が必要といった事由がある場合は、身体障害者福祉法（第１８条など）や知的障害者福祉法（第１５条の４、１６条など）等に基づいて行政の措置によるサービスの受給も可能です。つまり、身体障害者福祉法といった障害者各法が障害者総合支援法に基づくサービスを補完しているのです。

　そして、給付は、①自立支援給付（第６条）と②地域生活支援事業とに大別されます（７７条以下）。この他、障害者総合支援法を補完する法令の中には、児童福祉法も入ります。福祉の措置や障害児の施設サービス、障害児への療育の給付などが行われます。

　各種手帳は、福祉サービスや進学に際して必要となることもあります。その根拠と給付等について表にまとめます。

	身体障害者手帳	精神障害者保健福祉手帳	療育手帳
根拠条文	身体障害者福祉法第15条	精神保健福祉法第45条	昭和48・9・27発児156号通知に基づく各都道府県の実施要綱
自立支援給付（障害者総合支援法第6条)	18歳以上の場合は必須（第4条）。手帳を持っていない18歳未満の場合、市町村が対象となる障害を有するかを確認する。	必須要件ではない。	必須要件ではない。
特別支援学級への入級	いずれも必須要件ではない。あくまで、学校教育法第81条と「教育支援資料」（平成25年10月）に示されている障害の程度に該当するか

	どうかで判断される。
特別支援学校への入学	各都道府県および校種による。法的な根拠は乏しいが、実務上は取得が受験の条件であることがある。
放課後等デイサービス	必須要件ではない。
入試での配慮	必ずしも必須要件ではない。各学校によるが、実務上は取得していることで合理的配慮を受けやすくなる。
障害者枠での雇用（障害者雇用促進法第2条	必ずしも必須要件ではない。ただし、精神障害者保健福祉手帳取得者は、同法にいう「精神障害者」に該当する（施行規則第1条の4）。もっとも、手帳を取得していなくても「精神障害者」に該当することもある（例；てんかん患者）。

　私たち教員は保護者に手帳の取得を促すことがよくあります。そのときに障害受容を促すということも必要なのかも知れませんが、経済的なメリットを強調するのも一つの手ではないでしょうか。交通費や高速道路代、NHK受信料、携帯電話の基本使用料、博物館等の入園料などの割引がありますし、駐車禁止指定除外という車での送迎にとって必要な支援もあります。

　尚、障害が重複している場合、複数の手帳取得が可能です。例えば全盲のお子さんで知的障害もある場合、身体障害者手帳と療育手帳を取得できます。複数の手帳を所持できないという

制限はありません。

　手帳の取得にあたっては、「障害」というレッテル貼りを恐れて取得しないという選択をする方もいますが、「手帳をとって損することや何か制限されることはない」とはっきりさせましょう。税金が上がるわけではないし、公民館の使用が禁止されたり、入店を拒否されたりすることはありません。レッテル貼りを恐れるあまり、「マイナスは無い」ということへの認識ができなくなっていたとすれば、もったいないことです。

第10節　成年後見等

　成年後見等の制度は、福祉法制というよりも民法の領域で取り扱われます。しかし、契約と福祉との境界がはっきり区別しにくくなっている現状においては、民法の領域にも踏み込む必要があると考えます。そこで、成年後見等の制度について、簡潔に述べます。未成年者の場合、親権者などがいるため、この制度は問題にならないようにも思えますが、成人年齢引き下げの影響で高校や特別支援学校高等部の先生方は、進路指導に際して知っておいた方が良いでしょう。

　精神上の障害のために、事理を弁識する能力（事理弁識能力）が欠如している場合や著しく不十分な常況にあったりする者は、本人や配偶者等が家庭裁判所に請求することで、審判がなされ後見・保佐・補助に付されます（民法第7条、11条、15

条等)。事理弁識能力とは、事理をわきまえ、しることができる判断力のことで、事理とは、法律行為の結果による利害得失のことです。契約などによって自分がどのような利益を得、どのような不利益を受けるのか、理解できない精神状態であれば後見等が開始され得ます。

　たとえば、後見開始の審判を受けた者は、成年被後見人（せいねんひこうけんにん）とされ成年後見人が付されます。成年後見人は成年被後見人のために各種の事務を行います（同第853条〜856条）。この中には、身上看護義務（みのうえかんご）も含まれますが（同第857条）、治療行為への同意権限はこの中には含まれないと理解されています。したがって、成年後見人は、病院に行っても手術の同意などできません（手島・333頁）。もっとも、親族が成年後見人になることもありますので、親族として判断する場合もあります。成年後見人等は、司法書士や社会福祉士、弁護士等が就任することが多いようです。権利擁護の観点からは、専門職に就いてもらうことが望ましいですが、報酬の問題は重くのしかかります。なお、任意後見という制度もあります。

　余談ですが、後見等は、民法総則や親族相続法、社会保障法等の基本書でも多くのページが割かれています。戸惑うかも知れませんが、民法総則で行為能力等についての基礎知識をおさえた上で、親族相続法等の基本書を読むことがオーソドックスだと思われます。いずれにしても、社会保障法だけ学習してそこで登場する後見等の知識では浅すぎます。

成年後見等は、就労する際にもおさえておくべきです。というのも、特別支援学校の高等部においては、就労を目指すお子さんもいますし、高等学校や専修学校においても民法改正（施行は２０２２年４月）によって、１８歳成人になることで（民法第４条「年齢１８歳をもって、成年とする。」）、親権者という制度だけにはおさまらなくなっていくからです。労働契約とは、①会社（使用者）からの募集に対し（申込みの誘引）、②労働者が応募し（申込み）、③会社が採用内定を出すことによって（承諾）成立します。労働者と会社等の意思が合致すればそれで契約は成立します（民法第６２３条「雇用は、当事者の一方が相手方に対して労働に従事することを約し、相手方がこれに対してその報酬を与えることを約することによって、その効力を生ずる。」、労働契約法第６条「労働契約は、労働者が使用者に使用されて労働し、使用者がこれに対して賃金を支払うことについて、労働者及び使用者が合意することによって成立する。」）あくまで、申込むのは労働者、つまり障害児・者です。しかも１８歳になれば完全に有効な申込みを単独でできるのです。

　個別の教育支援計画の労働については、労働法の基礎知識を教員が増やすよりも障害をもった子どもが安心して働くことをサポートする機関や人的資源を確保する視点が大事ではないか、と考えています。その機関には、成年後見人や保佐人、補助人という機関や放課後等デイサービスを運営している法人の関連法人に就労支援事業を行っている法人は無いかどうか、という情報をおさえておくべきでしょう。

繰り返しますが、成人になることで、有効な法律行為を単独
でできるのです。そうしますと、親と進路で意見が対立した場
合やどの事業所を選択するか、高校卒業を機に一人暮らしした
い（民法第６０１条、賃貸借契約）、就職のために自動車の免許
を取得したいなど多くの問題が出て来ます。成人するという法
的な意味を教員が知らずに、「一人暮らしは無理」とか「家から
一番近いＢ型事業所で働くべき」、「親が反対しているのだから
君に大学進学は無理」などと発言することは、権利保障の観点
から問題ですし、不法行為（民法第７０９条）にあたる場合もな
いとは言えません。子どもの選択を支える姿勢が大事です。

第8章　個別の指導計画

　個別の指導計画とは、障害のある児童生徒の実態に応じ、的確な指導・支援が実現できるよう、学校における教育課程等を踏まえ、個々に応じた目標、指導、支援内容、評価の観点を含んだ指導計画のことです。本章では、個別の指導計画にかかわる法的な問題として、自立活動等の教育課程編成権、教材の選択、成績評価権限について見ていきます。

　これらは、個別の教育支援計画と重なり合う部分もあります。例えば、自立活動等の教育課程編成権は第7章個別の教育支援計画で取り上げるべきかどうかで悩んだ末に、本章で取り上げることにしました。つまり、どちらで取り上げても良かったのですが、あえて個別の指導計画の枠組みで取り上げることを選びました。その理由というのが、教員の教育裁量をどう捉えるかという点にあります。個別の指導計画は、「教諭は、児童の教育をつかさどる。」（学校教育法第37条11項）という教員の職務権限と対立する場合があります。このことを念頭において、法的な課題について考えていきます。

第1節　自立活動等をするかは誰が決めるのか

　結論から言いますと、支援学級担任と解されます。支援学級担任や特別支援学校の教員をされている方であれば、自立活動

や生活単元学習、日常生活の指導、作業学習は身近なものではないでしょうか。特別支援学級の教育課程については、基本的には小中学校の学習指導要領によります。しかし、対象とするお子さんの障害の種類や程度などによっては、小中学校の教育課程をそのまま適用することが難しい場合もあります。そこで、特別の教育課程をつくることが可能になります。

　根拠は、学校教育法施行規則第138条で、「小学校、中学校若しくは義務教育学校又は中等教育学校の前期課程における特別支援学級に係る教育課程については、特に必要がある場合は、第五十条第一項（第七十九条の六第一項において準用する場合を含む。）、第五十一条、第五十二条（第七十九条の六第一項において準用する場合を含む。）、第五十二条の三、第七十二条（第七十九条の六第二項及び第百八条第一項において準用する場合を含む。）、第七十三条、第七十四条（第七十九条の六第二項及び第百八条第一項において準用する場合を含む。）、第七十四条の三、第七十六条、第七十九条の五（第七十九条の十二において準用する場合を含む。）及び第百七条（第百十七条において準用する場合を含む。）の規定にかかわらず、特別の教育課程によることができる。」と規定されていることによります（網掛け部分は筆者）。

　この規定は、単に特別支援学級に在籍するお子さんに限ったことではなく、入級していないお子さんでも、特別の教育課程によって教育することが可能です。根拠は同規則第140条です。

　「小学校、中学校若しくは義務教育学校又は中等教育学校の前期課程において、次の各号のいずれかに該当する児童又は生徒

（特別支援学級の児童及び生徒を除く。）のうち当該障害に応じた特別の指導を行う必要があるものを教育する場合には、文部科学大臣が別に定めるところにより、第五十条第一項（第七十九条の六第一項において準用する場合を含む。）、第五十一条、第五十二条（第七十九条の六第一項において準用する場合を含む。）、第五十二条の三、第七十二条（第七十九条の六第二項及び第百八条第一項において準用する場合を含む。）、第七十三条、第七十四条（第七十九条の六第二項及び第百八条第一項において準用する場合を含む。）、第七十四条の三、第七十六条、第七十九条の五（第七十九条の十二において準用する場合を含む。）及び第百七条（第百十七条において準用する場合を含む。）の規定にかかわらず、特別の教育課程によることができる。

一　言語障害者

二　自閉症者

三　情緒障害者

四　弱視者

五　難聴者

六　学習障害者

七　注意欠陥多動性障害者

八　その他障害のある者で、この条の規定により特別の教育課程による教育を行うことが適当なもの」（網掛け部分は筆者）

　要するに、例えば特別支援学校に在籍していない学習障害者でも特別の教育課程を組むことができるのです。

　教育現場で働く教員にとって、成績が良いのに極端に人付き

合いが苦手なお子さんや音楽が抜群にできるのに英語は全くできない、絵画などに文字通り没頭してしまうなど、一概に「障害」というイメージでとらえられないお子さんを見ることはあると思います。こうした、「2E教育」や「ギフテッド」、「超活動性（OE）」も本節にかかわってきます。2E教育の専門家である関西大学の松村暢隆教授は、「小中学校で『2E教室』すなわち狭義の2E児向けの通級指導教室を設置することも、現行法で可能である。」と述べています（松村・10頁）。

　具体的な条文には言及されていませんが、この根拠こそが、上に見た学校教育法施行規則第140条の中の、第8号「その他障害のある者で、この条の規定により特別の教育課程による教育を行うことが適当なもの」です。1号から7号の障害にあたらないけれど、特別の教育課程を組むことが望ましいお子さんとして、ギフテッドのお子さんなどが対象になると解されるのです。実際、横浜市ではギフテッドと思われるお子さんを2E教育の実践として通級指導教室で受け入れています。

第2節　教育課程編成権、授業実施権、成績評価権

　さて、どのようなお子さんが特別の教育課程の対象になるかをはっきりさせました。次は、なぜ、特別の教育課程を組むかどうかを支援学級担任が決めることができるのかについて考えます。その際、特別の教育課程の中身を見ることが大事です。以下に、自立活動について見ていきます。

自立活動は、「個々の児童又は生徒が自立を目指し、障害による学習上又は生活上の困難を主体的に改善・克服するために必要な知識、技能、態度及び習慣を養い、もって心身の調和的発達の基盤を培う」ことが目標とされます（特別支援学校小学部・中学部学習指導要領第7章第1）。そして、1健康の保持、2心理的な安定、3人間関係の形成、4環境の把握、5身体の動き、6コミュニケーションという6つの内容が設けられ、この内容の中から必要とする項目を選定し具体的な指導内容を設定することが求められています（同第2、第3）。

　そうすると、教育内容と教育方法を決定しなければならないのですから、それを週時表に位置づけるという意味での教育課程編成権（限）と授業実施権（限）、成績評価権（限）がそれぞれ問題となります。そこで、以下に複数の解釈を紹介していきます。

　教育課程とは、「学校教育の目的や目標を達成するために、教育の内容を児童の心身の発達に応じ、授業時数との関連において総合的に組織した学校の教育課程」のこととされます（小学校学習指導要領）。具体的には、教育課程案、年間指導計画、年間行事予定表、生活時程表、授業時間表、授業評価計画、教材選定、指導案、学級計画等を指しているとされます（佐々木・87頁）。その教育課程編成権は地教行法第23条5号と第33条1項を根拠として校長に帰属するという説があります。

対して、教育条理上、教育課程編成権は職員会議に帰属するとする説や、憲法論として教師集団は年間教育活動全体の計画作成権について職員会議を通じて決定する自治権が、憲法第２３条により保障されているとする説もあります。

　これらの学説に対して、整理しておくべきことがあります。それは、仮に政府の有権解釈をとって校長に帰属するという学説に立ったとしても、尚支援学級担任には担当するお子さんの教育課程を編成する権限が存するとの解釈は可能だということです。なぜなら、校務分掌決定権を校長が行使し支援学級担任を決定している以上、その支援学級担任の裁量の範囲内で自立活動を取り入れるなどを決定することが任せられていると解されるからです。

　例えば、肢体不自由で排泄の介助も必要なお子さんに歩行訓練を取り入れるとします。Ａ君は恥ずかしがり屋で他の子どもに見られるのが嫌だという実態があるとします。そこで、担任は体育の時間に抽出・抜き出して一対一で歩行訓練をしたときに、このように子どもの実態に応じて設定した教育課程について、校長が地教行法をたてに止めさせることは担任の教育裁量を侵害するものですし、子どもの教育を受ける権利の侵害ですらあると考えます。もちろん、１時間目から６時間目まですべて歩行訓練にあてる、つまり自立活動にするということを支援学級担任が決定したとしても、あまりに極端ですから裁量の範囲を超えているものと解され、校長はこのような教育課程を認めてはならないでしょう。

教育課程編成権の枠内で議論されることとして教材の使用があります。教科書問題は議論百出に陥りますから、簡潔に整理いたします。まず、学校教育法第34条1項は「小学校においては、文部科学大臣の検定を経た教科用図書又は文部科学省が著作の名義を有する教科用図書を使用しなければならない。」とし、教科書の使用義務を定めています。同条は、中学校等にも準用されています（第49条ほか）。

　次に、同法の附則第9条において、「高等学校、中等教育学校の後期課程及び特別支援学校並びに特別支援学級においては、当分の間、第三十四条第一項（第四十九条、第四十九条の八、第六十二条、第七十条第一項及び第八十二条において準用する場合を含む。）の規定にかかわらず、文部科学大臣の定めるところにより、第三十四条第一項に規定する教科用図書以外の教科用図書を使用することができる。」と定めています（網掛け部分は筆者）。例えば東京書籍の中学校国語教科書が採択されていても、それ以外の教科用図書を使用できることになります。各都道府県教育委員会が選定していますが、私が使っている『ゆっくり学ぶ子のためのこくご』（同成社）も附則第9条を根拠として採択例があります。

　では、附則第9条は誰を対象にしているのか。この点につき、学校教育法施行規則第139条は、「前条の規定により特別の教育課程による特別支援学級においては、文部科学大臣の検定を経た教科用図書を使用することが適当でない場合には、当該特

別支援学級を置く学校の設置者の定めるところにより、他の適切な教科用図書を使用することができる。」と定めています（下線部は筆者）。

　ここで、1つ注意が必要になります。対象はあくまで特別支援学級だということです。先ほど、特別の教育課程を編成する対象は、特別支援学級だけに限られないと述べました（同第140条）。しかし、附則第9条の関係では特別支援学級のみということに注意してください。通級による指導を受けているお子さんなどは対象外です。なぜなら、同第139条を準用している規定が無いからです。

　このような特別支援学級における教科用図書の使用をめぐっては、やはり支援学級担任の裁量に任される部分が大きいと考えます。その子の実態から当該学年の教科書を使用すべきか、あるいは下学年の教科書を使用すべきか、文部科学省著作の教科書を使用すべきか、附則第9条に基づく一般書を使用すべきか、さらには数ある一般書の中からどれを選ぶかは支援学級担任以外にできないでしょう。教材についても、学校教育法第37条11項、旭川学テ事件最判に照らして考えると、支援学級担任の職務権限に委ねられる部分が大きいと考えます。

　次に、授業実施権（限）は、教育という本質に照らして憲法上、教員ないし教師集団に帰属すると解されます。学校教育法の解釈としても同様です（第37条11項）。学習指導要領も、その細部に至るまで規定し法的な拘束力を認めるのであれば、

この権限の侵害になります。しかし、この授業実施権限も無限定に認められるものではありません。子どもの精神的な事由や教育を受ける権利等の保障のための制約を当然に受けます。

　私たちが相手にするのは障害をもったお子さんですから、障害児にとっての教育を受ける権利の保障のための制約を受けることになります。教育を受ける権利の内実というのは、対象となるお子さんとの関係の中でしかはっきりさせられませんから、一義的にはみなさんがこれまでの教育実践を振り返ることからしか始まりませんし、そこから逃げるとすべて空理空論になります。私なりの答えは、第3章ですでに述べたとおりです。

　そして、現場の教員の感覚として授業実施権限に関して触れておきたいことがあります。例えば小学校で通常学級の担任が体育の授業をしたり、専科担任が理科の授業をしたり、あるいは中学・高校で教科担任が社会科の授業をするとします。このとき、支援学級担任がその授業に入り込むことや、支援員と呼ばれるような方が担任の了承なしに授業に入ることができるかという問題があります。

　実際、その先生のスタイルとして「授業は子どもと教師の真剣勝負だから、第三者が入ってこられては困る。」という方もいます。こういう場合にその支援学級担任や支援員は入り込みできるでしょうか。これが正しいという答えはないのですが、やはり「教諭は、教育をつかさどる」という学校教育法第37条11項や学問の自由（憲法第23条）に照らして、その授業を受け持つ教員の意思を尊重すべきでしょう。とくに、支援員に関し

ては無条件に教諭の指示に従う必要があります。

　基本的には、その授業を担当する教員の意思を尊重すべきですが、子ども自身が通常学級で入り込みしてほしいとか、学校として原学級保障に取り組み、入り込みが教師集団の意思として明確にされている場合は別途検討が必要です。前者で言えば、子どもの学習権保障の観点が、後者では教師集団の教育課程編成権がそれぞれ各授業を担当する教員の授業実施権限と対立します。ケースバイケースとしか言いようがありませんが、法的な観点からは以上のような論点があります。

　最後に、自立活動等を個別の指導計画に書き込むときには、評価も書くことになります。教員の子どもへの教育的な働きかけは、子どもたちへの一定の評価を前提として絶えず新たな評価をともないつつなされるものですから、教育的評価は教育活動の不可欠の構成要素になります。

　本来、教育評価というものは、子どもの発達に奉仕し子どもの主体的な自己形成をはげますことを目的としています。評価権（限）には進級を認めるかどうか、課程終了を認めるかどうかも含まれますが、この内、学期・学年末の成績評価は筆記試験や授業態度、課題などを含めた総合評価ですから、これは授業を実施する教員に帰属すると解されます。

　実務上、問題となるのは特別支援学級在籍児童が、ある単元

だけ通常学級で授業を受けたり、あるいは支援学級担任に大部分援助されて作品をつくったりする場合の評価の付け方です。5段階評価できるのか、できるとしたら誰の判断でできるのか、あるいは支援学級担任の判断で記述のみとし、支援学級担任が通常学級の授業の評価をできるのか等整理すべき点があります。

　私も、生活科の授業で通常学級担任から「先生（支援学級担任）が援助したらその子の作品じゃないから、私は評価できない。記述表記して。」と言われたことがあります。たしかに、生活科で工作物をつくる際に、一方は先生の手を借りずに作った作品、もう一方は支援学級担任の手を借りて作った作品を同じ基準で評価して良いのか、と疑問を持たれることは当然だと思います。

　ここでも、実際に授業を担当した先生、この例では生活科の授業をした教員の意思が尊重されるべきです。しかし、この授業を支援学級担任が通常学級という場所で生活単元学習や自立活動として行ったものと捉えることもできなくはありません。もし、そのような解釈をするのであれば、支援学級担任の授業と言えますので評価も当然に支援学級担任がなすべきことのように思われます。ただ、生活科のその授業（例として新聞紙でおもちゃをつくる。）を発意し教育課程に組み込み、実際に計画通りに授業をある時期に実施すると決めているのは、通常学級の担任です。支援学級担任がその子に合わせて「新聞でおもちゃをつくろう」という単元を設定した訳でもありません。

　そうすると、教育課程を編成し、授業まで実施した通常学級

担任が評価については全くノータッチというのは無責任ですから、評価についても通常学級担任が責任をもつべきです。その上で、通常学級担任から支援学級担任に依頼されば、記述評価することも可能ですし、むしろその意向を尊重すべきです。

　実務上、どちらが主になって授業をしたか、という観点から評価権者を決すべきです。尚、支援員が評価するということは、法的には教員の成績評価権の侵害ですし、職務内容に無いことをしていることになります。支援員というのは、せいぜい教員の指示の下で授業を補助することが職務内容です。何ら独立した権能ももっていません。教員は、自らの職責を踏まえて支援員に接するべきでしょう。

第9章 障害児に関わる法的な紛争

　本章では、障害児に関わる法的な紛争の内、学校事故とくに民事上の責任について見ていきます。損害賠償の基本的な仕組みや訴訟手続、具体的な紛争について述べます。その上で、最終的に教員が学校生活でどのようなことに気をつけるべきか一緒に考えていきたいです。

▌第1節　損害賠償の仕組み

　本節では、損害賠償の内、不法行為を例としてその基本的な構造について見ていきます。詳しくは、民法学の債権各論あるいは不法行為法の基本書を読みましょう。民法第709条は、「故意又は過失によって他人の権利又は法律上保護される利益を侵害した者は、これによって生じた損害を賠償する責任を負う。」と規定します。以下に、どのような要件であれば損害賠償責任が認められるのか見ていきます。

　①故意又は過失が必要です。故意というのは、結果の発生を知っていてわざとすることです。過失は、通常なら他人に損害を与える結果が発生することがあらかじめわかっていて、それを回避できたはずなのに不注意にもそれをしなかったことです。ここで注意すべきは、この故意や過失を立証する責任は一般に

損害賠償を請求する被害者側に、つまり学校事故では子どもや保護者側にあるのです。

　②違法性が必要です。違法性という要件は、法律の文言にありません。ですから、種々の学説があり混迷しています。法律の規定に違反すること、公序良俗に反すること、所有権などの物権を侵害することは当然に違法です。ただし、違法性阻却として正当防衛と緊急避難があります（民法第720条1項「他人の不法行為に対し、自己又は第三者の権利又は法律上保護される利益を防衛するため、やむを得ず加害行為をした者は、損害賠償の責任を負わない。ただし、被害者から不法行為をした者に対する損害賠償の請求を妨げない。」同第2項「前項の規定は、他人の物から生じた急迫の危難を避けるためその物を損傷した場合について準用する。」）。

　③損害の発生。財産的な損害には、治療費のような積極的損害と入院中に無収入になったというような消極的損害があります（逸失利益）。それから、精神的な損害も含まれます（民法第710条「他人の身体、自由若しくは名誉を侵害した場合又は他人の財産権を侵害した場合のいずれであるかを問わず、前条の規定により損害賠償の責任を負う者は、財産以外の損害に対しても、その賠償をしなければならない。」）。

　④因果関係も必要です。条文の文言に「故意又は過失**によって**」との規定があることから、因果関係が必要となります。加

害者の行為によって損害が発生したという原因・結果の関係のあることが必要です。ここでは、厳密な科学的証明までは要求されていません。通常人が疑いを差し挟まない程度の、高度の蓋然性の証明があれば足りるとしています（最判昭和５０年１０月２４日民集２９巻９号１４１７頁）。

　⑤責任能力。以上の①～④までの要件が全部そろえば、不法行為の損害賠償責任が発生しますが、その場合でも損害賠償責任を負わせるためには、加害行為をした人が不法行為責任を負う能力を持っている人でなければなりません。

　これが無い者は、２通り想定されます。一つは、未成年者のうち責任弁識能力を持たない者です（民法第７１２条「未成年者は、他人に損害を加えた場合において、自己の行為の責任を弁識するに足りる知能を備えていなかったときは、その行為について賠償の責任を負わない。」）。もう一つは、精神上の障害により責任弁識能力に欠ける状態にある者です（民法第７１３条「精神上の障害により自己の行為の責任を弁識する能力を欠く状態にある間に他人に損害を加えた者は、その賠償の責任を負わない。ただし、故意又は過失によって一時的にその状態を招いたときは、この限りでない。」）。

　民法では、前者の年齢を具体的に決めている訳ではなく、個別に判断することになりますが、大体小学校卒業前後が基準です。

　では、このような責任無能力者の場合、だれが責任を負うの

でしょうか。ここで、私たち教員にも大いに関わってくる規定があります。民法第７１４条１項は、「前二条の規定により責任無能力者がその責任を負わない場合において、その責任無能力者を監督する法定の義務を負う者は、その責任無能力者が第三者に加えた損害を賠償する責任を負う。ただし、監督義務者がその義務を怠らなかったとき、又はその義務を怠らなくても損害が生ずべきであったときは、この限りでない。」と規定し、同２項において「監督義務者に代わって責任無能力者を監督する者も、前項の責任を負う。」とします。

　１項の法定の監督義務者は、未成年者なら親権者たる親ですし、２項の代理監督者は、子どもの場合、保育士や教員、精神病院の医師などがこれにあたります。注意すべきは、但書で監督義務者や代理監督者が義務を怠っていなければ免責されるとしますが、実際にはなんらかの義務懈怠（けたい）があったとされるケースが多いのです。

　賠償の方法は、原則金銭です（民法第７２２条１項「第四百十七条及び第四百十七条の二の規定は、不法行為による損害賠償について準用する。」同４１７条「損害賠償は、別段の意思表示がないときは、金銭をもってその額を定める。」）。

　尚、不法行為に際しては、被害者側の過失や過失相殺（そうさい）の類推（るいすい）適用（てきよう）、損益相殺（そんえきそうさい）などありますが、ここでは触れません。以上が、不法行為の概要です。

第2節　民事訴訟の流れ

　民事訴訟は、訴えの提起がなされ、地方裁判所で判決が出され、控訴があると高等裁判所がまた判決を出し、これに対し上告すると最後に最高裁判所が判決を出し確定します。あくまで大まかな捉えですから、一審が簡易裁判所になることや家庭裁判所になることもあります。

　訴えがなされ、判決手続を経て確定判決が出ると、執行の申立てをします。今度は民事執行手続に移行します。実際、「被告(ひこく)は、原告(げんこく)に金(きん)１００万円を支払え」との判決を得たとしても、１００万円を手に入れなければ絵に描いた餅です。

　第一審の手続の流れを見ていきます。①訴状(そじょう)の提出。訴えを起こすには、裁判所に訴状を提出しなければなりません。②訴状が提出されますと、裁判所では訴状審査が行われます。③その審査が済みますと、裁判所は訴状を被告とされる人に送達(そうたつ)します。訴状と一緒に、呼出状も送られます。④裁判所が原告や被告を呼んで法廷を開くことは、「口頭弁論(こうとうべんろん)」とよばれます。最初の口頭弁論が、第１回口頭弁論です。⑤口頭弁論が繰り返し開かれ、審理が尽くされたという段階になれば、裁判所は口頭弁論の終結を宣言します。このときまでに、自分の主張や証拠は出しておく必要があります。⑥裁判所は、主張や証拠に基づいて判決を作成し、最終的に判決の言渡しをします。⑦判決は当事者に送達されます。⑧もう一度審理してほしいということであれば、２周間以内に控訴すれば、第二審がはじまります。

控訴がなければ一審判決が確定します。

　尚、未成年者が訴えを起こすには、法定代理人による必要があります（民事訴訟法第３１条「未成年者及び成年被後見人は、法定代理人によらなければ、訴訟行為をすることができない。ただし、未成年者が独立して法律行為をすることができる場合は、この限りでない。」）。

第３節　審理の仕組み

　裁判所は、審理にあたって①権利、②事実、③証拠という３つのことを重視します。教師からの体罰が行われということであれば、不法行為債権、慰謝料請求権という権利が、その権利があるという言い分が正当であることを理由づけとして、被告である教師から原告に対し暴行が行われた、という事実を主張することになります。この事実を裏付けとなるものを提出する必要があり、つまりは証拠を提出しなければなりません。被告以外の第三者の証言や陳述書、あるいは学校に設置されていた防犯カメラの映像などです。

　当事者は、自己の権利を裁判所に認めてもらうために、実体法上権利が発生するとされるのに必要な事実の主張と、その事実があったことを裏付ける証拠を提出しなければなりません。

　ここで、非常に実務的な話を１つします。実際に教員が訴えられた場合、原告の主張に対しては基本的に「否認」すべきしょ

う。なぜなら、下手に「抗弁」を主張してしまうと、原告がこの抗弁を否認した場合に、こちらが、その抗弁事実について証明する必要があるからです。例えば、原告から「肩を手拳で殴打された」という主張に対し、「肩をトントンと軽く叩いた。原告に気付いてもらうためだった。」などと抗弁してしまうと、こちらが「トントンと軽く叩いた」ことにつき証明責任を負わされることにつながります。ですから、端的に「否認する」としておけば、原告が「肩を手拳で殴打された」ことの証明責任を負うことになり、証明できなければ、事実認定されません。

第4節　事故の特徴

　子どもに関わる法的紛争について述べる前に、そもそも子どもにはどういう事故が多いのかについて見ていきます。まず、事故とは「認められる傷害が故意ではない出来事」と世界保健機構（WHO）は定義していますが、学校事故という場合、喧嘩なども含めるとより広い定義になると思われます。

　厚労省人口動態統計によると、小児（0歳〜14歳）の不慮の事故による死亡総数は351名で、小児の死亡総数（3614名）の約1割を占めていました。内容別に見ますと、窒息、交通事故、溺水・溺死の順に多く、3つ合わせると全事故の8割以上を占めます。

では、子どもの死因順位はどのようになっているのでしょうか。①０歳では、死因第１位は先天奇形・変形および染色体異常です。出産という特殊な状況が影響しています。不慮の事故は死因第５位全体の４％に過ぎません。②１歳〜４歳になると、不慮の事故は死因第２位に浮上し、全体の１４％にあたります。③５歳〜９歳も同様に死因第２位が不慮の事故で、１９％を占めます。④１０歳〜１４歳になると、不慮の事故は死因第３位に後退しますが、それに代わって第２位に自殺が登場します。全体の１９％を占め、８９件に及んでいます。

　事故が発生したときに、保護者は防げたと思っていたのか、防ぐことはできなかったと思っているのでしょうか。事故防止の可能性について、６３％の保護者が「防げたと思う」と回答しています。しかも、保護者が「現場にいなかった」と答えた割合は、１０％に過ぎず、「現場にいて見ていた」（３２％）、「現場にいたが目を離していた」（５３％）を合わせると、８５％の保護者は事故発生時に現場にいたのです。

　そうしますと、保護者が近くにいるからといって子どもが常に安全とは限らないことを意味しており、保護者が子どもから目を離しても安全な製品や環境を整備する必要があるのです。この調査は、あくまで保育所入所児童を対象にしたものですが、上記に挙げた教訓は保育所のみならず小学校や中学校、高校においても意識されなければなりません。つまり学校においても、担任が目を離していても安全な教室環境を整備することが求められるのです。担任が近くにいたら学校事故は発生しない、と

いうことにはならないのでしょう。

第5節　スポーツ振興センターによる保険給付

　学校事故が起きた場合、独立行政法人日本スポーツ振興センターによる災害共済給付を受けることになると思われます。なぜなら、ほとんどの保護者が加入しているからです。

　この災害共済給付は、独立行政法人日本スポーツ振興センター法第15条7号に「学校の管理下における児童生徒等の災害（負傷、疾病、障害又は死亡をいう。以下同じ。）につき、当該児童生徒等の保護者（学校教育法（昭和二十二年法律第二十六号）第十六条に規定する保護者をいい、同条に規定する保護者のない場合における里親（児童福祉法（昭和二十二年法律第百六十四号）第二十七条第一項第三号の規定により委託を受けた里親をいう。）その他の政令で定める者を含む。以下同じ。）又は当該児童生徒等のうち生徒若しくは学生が成年に達している場合にあっては当該生徒若しくは学生その他政令で定める者に対し、災害共済給付（医療費、障害見舞金又は死亡見舞金の支給をいう。以下同じ。）を行うこと。」と規定されています（網掛け部分は筆者）。

　具体的な契約は、同第16条において、「災害共済給付は、学校の管理下における児童生徒等の災害につき、学校の設置者が、

児童生徒等の保護者（児童生徒等のうち生徒又は学生が成年に達している場合にあっては当該生徒又は学生。次条第四項において同じ。）の同意を得て、当該児童生徒等についてセンターとの間に締結する災害共済給付契約により行うものとする。」と規定されています。つまり、学校とスポーツ振興センターとの契約で、保護者や児童生徒はあくまで被保険者の立場にとどまります（同契約約款規定第1条）。

　「学校管理下」については、独立行政法人日本スポーツ振興センターに関する省令第24条3号やそれを受けた独立行政法人日本スポーツ振興センター災害給付の基準に関する規定に詳しい説明がなされています。

　給付の範囲については、医療保険並の療養に要する費用の10分の4や傷害見舞金で最高4,000万円。死亡見舞金は最高3,000万円となっています。相当低額なのですが、過失の有無を問わず保険給付されることが大きな特徴で、大体の学校事故は、この保険給付によって一件落着すると思われます。本来の賠償制度では、「故意又は過失によって他人の権利又は法律上保護される利益を侵害した者は、これによって生じた損害を賠償する責任を負う。」と規定（民法第709条）されており、先ほど述べた通り、学校に故意又は過失が必要なのです。しかし、この災害共済制度によって、故意又は過失を問わず、保険給付を受けることができるのです。

　もちろん、教員は事故報告書を書かなければなりません。特

に ADHD のお子さんは度々ケガをすることがありますので、身近な制度と思われます。

　この保険給付で足りない部分や教員・学校への責任追及を考える場合に、訴訟という方法が出てきます。そうした事態に備えるために、学校事故が発生した場合、教員は弁護士に相談することをおすすめします。知り合いの弁護士に相談するか、知り合いがいなければ勤務先か自宅の近くに事務所を構えている弁護士に相談するとスムーズだと思います。

　訴訟に至らなくても懲戒請求などされると、その対応に四苦八苦しますし、うかつに自分の非を認めるような事故報告書を書いてしまってはあとで困ります。はっきり申し上げますが、管理職や教職員組合が教員個人を守ってくれると考えるのはあまりにも軽い考えです。基本的には、自分の身は自分で守るという考えが大事です。仮に、３０歳代の教員が一番軽い「戒告」という懲戒処分を受けた場合、定年までに数百万円の損失があるとも言われています。そのことを考えれば、弁護士に支払う金額など知れていると考えます。

第６節　障害児の学校事故

　障害をもったお子さんは、どうしても私たち教員が負うリスクが高くなります。以下、３つの論点を簡潔に述べます。①障害児を受け入れる際の注意義務です。中学校で車椅子から転落

した事例では、校長には、本人に加え、医者の診断書、医者からの事情聴取によって、原告の病状を把握すべきであったとされました。これを怠った点に過失があったとされています（大阪地判平成元年7月27日判時1333号128頁）。この事例から、私たち教員は、積極的に子どもの病状を把握しておく必要があり、これを怠ると賠償責任が生じ得ることを意識すべきでしょう。

　②体罰等の有無を認定する際に、障害児の供述の信用性が問題となります。被害者が知的障害児であり、目撃者がいない場合には、当該障害児の供述の信用性が特に問題となります（名古屋地判平成5年6月21日判時1487号83頁、名古屋高判平成7年11月27日判例地方自治147号46頁）。

　これは、特別支援学級担任は特に注意すべきです。私自身も、冗談で骨折した障害児に「触ったろか〜」と手を近づけたところ、家に帰って「骨折したところを押された」と家族に話し、父に激怒されました。今にして思えば、曖昧な表現とくに社会的文脈が分からないお子さんだということに注意がいっていなかったこと、触られてもいないのに、近づくだけで触られたと認識してしまう特性をもっていることに注意すべきでした。これは、あくまで教師としての反省です。法的には、触ってもいないですから障害児に供述の信用性が無いことを主張すれば良いのです。

　③学校事故が発生した場合の保護者への通知義務。事故状況を保護者に通知すれば、被害の拡大を防げることがあります。

頭部外傷などは格別ではないでしょうか。実際にサッカーボールが目にあたって、後日外傷性網膜剥離によって失明したケースが裁判になっています。一審は、保護者への通知義務を認めませんでした（横浜地裁小田原支判昭和５７年３月２９日判例タイムズ５１５号１８５頁）。対して、二審は通知義務を認めました（東京高判昭和５８年１２月１２日判時１０９６号７２頁）。最高裁は、通知義務を否定しました（最判昭和６２年２月１３日民集４１巻１号９５頁、判例時報１２５５号２０頁）。

　通知すべきかどうかは、「事故の種類・態様、予想される障害の種類・程度、事故後における児童の行動・態度、児童の年齢・判断能力等の諸事情を総合して判断すべきである。」と判示しています。この事件では、小学校６年生でしたので、異常を親に訴える能力を有しているので、通知義務はないとされました。

　しかし、障害児の場合、判断能力に課題があることがありますから、基本的には保護者に通知すべきでしょう。教育活動が萎縮する問題もありますが、教員は常にリスクを頭に入れて、学級経営を適切に行うことが求められます。

参考文献一覧

第1章

- 抱喜久雄・野畑健太郎編『法学事始―はじめて学ぶ人のために―』4〜10頁（一学舎、2008年）
- 芦部信喜著　高橋和之補訂『憲法　第7版』3〜4頁、11〜13頁（岩波書店、2019年）
- 法制執務用語研究会『条文の読み方』2頁、28〜30頁、30〜35頁、51〜55頁、95〜103頁（有斐閣、2012年）
- 渡部茂己・喜多義人編『Next 教科書シリーズ　国際法　第2版』17〜18頁、190頁（弘文堂、2014年）
- 米沢広一『憲法と教育15講　第4版』190〜192頁（北樹出版、2016年）
- 生田敏康ほか『民法総則』9〜13頁、27〜39頁（法律文化社、2019年）
- 井田良『入門刑法学　総論』9〜13頁（有斐閣、2013年）
- 沼田稲次郎「独占資本主義段階における権利闘争」藤田勇編『マルクス主義法学』307〜311頁（学陽書房、1975年）
- 田中嗣久・藤島光雄『行政法がわかった』246〜251頁（法学書院、2018年）
- 長谷川正安「判例研究の歴史と理論」長谷川正安編『法学の方法』250〜283頁（学陽書房、1972年）
- 渡辺暁彦「学校事故の判例に学ぶ教師のリーガル・マインド」滋賀大学教育学部紀要、NO,60、17〜19頁（2010年）
- 武藤眞朗・多田英明・宮木康博『法を学ぶパートナー　第3版』99〜119頁（成文堂、2017年）

第2章

- 芦部信喜著　高橋和之補訂『憲法　第7版』3、5頁、36〜37頁、80〜84頁、282〜284頁、378〜385頁（岩波書店、2019年）
- 稲葉馨・人見剛・村上裕章・前田雅子『行政法　第3版』8〜9頁、11〜16頁（有斐閣、2015年）

・田中嗣久・藤島光雄『行政法がわかった』17〜22頁、28〜42頁、43〜73頁（法学書院、2018年）

第3章
・南日本新聞取材班『精神障害とともに』92〜97頁（ラグーン出版、2017年）
・前掲米沢・139〜143頁
・細渕富夫「いのち・発達を保障するということ　障害の重い子どもたちから学ぶ　第11回コミュニケーションの基盤をつくる」みんなのねがい、2020年2月号、28〜31頁
・竹内常一『新・生活指導の理論』192頁、（高文研、2016年）
・ラボ教育センター編『佐藤学　内田伸子　大津由紀雄が語ることばの学び、英語の学び』132頁、（ラボ教育センター、2011年）
・福井達雨『アホかて生きているんや』240〜241頁（教文館、1972年）

第4章
・広田照幸『ヒューマニティズ　教育学』100〜103頁（岩波書店、2009年）
・北野明男編『新訂　わかりやすく学ぶ教育制度』14〜16頁、136〜140頁（啓明出版、2016年）
・米沢広一『教育行政法』16〜33頁（北樹出版、2011年）
・神戸新聞社「教員間暴行　文科副大臣、市教委に『厳正な処分を』」2019年10月15日
・高橋哲「新型コロナウイルス臨時休業措置の教育法的検討（一）－問題の起源としての首相『要請』－」季刊教育法205号、4〜11頁

第5章
・佐々木幸寿『学校法　第2版』101〜104頁（学文社、2019年）
・米沢広一『憲法と教育15講　第4版』212〜221頁（北樹出版、2016年）
・前掲北野・26〜28頁

第6章

- 前掲佐々木・114頁
- 米沢広一『憲法と教育15講　第4版』143～146頁（北樹出版、2016年）
- 前掲稲葉ほか・206～256頁、261～269頁
- 前掲田中・藤島・161～167頁、218～237頁

第7章

- 柘植雅義ほか編『はじめての特別支援教育　教職を目指す大学生のために　改訂版』77～79頁（有斐閣、2014年）
- 和田肇ほか『労働法　第2版』53～57頁、154～156頁、186～188頁（日本評論社、2019年）
- 前掲田中・藤島・182～189頁
- 前掲稲葉ほか・166～172頁
- 文部科学省『中学校学習指導要領（平成29年告示）解説　総則編』104～113頁（東山書房、2020年）
- 手嶋豊『医事法入門　第5版』33～35頁、43～45頁、326～328頁、332～333頁（有斐閣、2019年）
- 三浦光哉編著『特別支援学級担任のための学級経営サポート Q&A―特別支援学級の達人になろう―』110～117頁、150～205頁（ジアース教育新社、2018年）
- 源興寺礼子・吉住隆弘編『心理検査実施の初歩』6～8頁、34～43頁（ナカニシヤ出版、2017年）
- 池田真朗『新標準講義　民法債権各論　第2版』133～137頁、193～207頁（慶應義塾大学出版会、2019年）
- 山口厚『刑法　第3版』56～63頁（有斐閣、2015年）
- 前掲井田・184～185頁
- 西村健一郎ほか『よくわかる社会保障法　第2版』232～242頁（有斐閣、2019年）
- 前掲生田ほか・14～26頁
- 高橋朋子・床谷文雄・棚村政行『民法7　親族・相続　第5版』186～236頁（有斐閣、2017年）

第8章

- 前掲佐々木・87〜88頁、91〜95頁
- 前掲米沢・120〜123頁、184〜196頁
- 文部科学省『特別支援学校教育要領・学習指導要領解説　総則編（幼稚部・小学部・中学部）　平成30年3月』169頁、188〜189頁、238〜241頁、345〜348頁（開隆堂出版、2018年）
- 松村暢隆編『2E 教育の理解と実践　発達障害児の才能を活かす』1〜12頁、36〜60頁（金子書房、2018年）

第9章

- 前掲池田・193〜207頁
- 和田吉弘『コンパクト版　基礎からわかる民事訴訟法』4〜9頁（商事法務、2015年）
- 前掲米沢・131〜138頁
- 澤田淳・細井創編『最新子ども保健』360〜373頁（日本小児医事出版社、2017年）
- 神内聡『学校内弁護士　学校現場のための教育紛争対策ガイドブック』33〜77頁、87〜92頁（日本加除出版、2017年）

あとがき

　本書は、なんといっても現場の教員にとって使い勝手の良い
ものになっているかどうかが問われなくてはなりません。特に、
個別の教育支援計画と個別の指導計画、この2章は現場教員に
とって有益と考えます。手にとって実際に使ってみた感想を是
非聞かせていただきたいです。

　しかし、一方ではLGBTや障害児の刑事司法手続きの留意点、
障害児のマスク着用の是非などについては触れていません。あ
るいは制度として私立の特別支援学校や障害児・者向けの保険
なども紹介したいところでしたが、際限がなくなるため触れて
いません。いま私が現場教員にとって必要と思われるトピック
スを取上げるにとどまっています。

　法律や制度といったシステムが教育現場にも押し寄せていま
す。これまでの情緒的な対応では済まされません。システム化
され誰も傷つかない代わりにドラマもなく、ドラマの無いとこ
ろに人間づくりなどできるのか。教育と法律の狭間で日々悩み
続けています。

　最後に、私を日々支えてくれている上田美穂に感謝します。
誰よりも先に、本書をあなたに捧げます。

特別支援教育のための教育法・制度要説

2020 年 10 月 1 日発行

著　　者　水本和也

発　行　所　株式会社 三恵社
　　　　　　〒462-0056　愛知県名古屋市北区中丸町 2-24-1
　　　　　　TEL.052-915-5211　　　FAX.052-915-5019

ISBN 978-4-86693-297-2　C0037